김용택 선생님이 들려주는

어린이 인생사전

글 김용택

1948년 아름다운 섬진강 가인 임실에서 태어났고, 1982년 〈섬진강〉등의 시를 발표하면서 작품 활동을 시작했습니다.
《섬진강》,《강 같은 세월》,《그 여자네 집》등의 시집과 산문집《그리운 것들은 산 뒤에 있다》,《섬진강 이야기》,
동시집《콩, 너는 죽었다》,《내 똥 내 밥》,《너 내가 그럴 줄 알았어》등을 펴냈습니다.
김수영 문학상, 소월시 문학상, 윤동주 문학대상을 받았습니다.
고향 마을에서 40여 년간 초등학생들을 가르치며 살았고, 지금은 집필과 강연 활동을 주로 하고 있습니다.

그림 김세현

1963년 충남 연기에서 태어나 대전에서 성장했고, 대학교에서 동양화를 전공했습니다.
2004년 제 4회 출판미술상을 받았으며, 2009년에는 볼로냐국제아동도서전 주빈국관 원화 전시 작가로 선정되었습니다.
그린 책으로《만년 샤쓰》,《부숭이는 힘이 세다》,《외딴 마을 외딴 집에》,《준치 가시》,《엄마 까투리》,《청구회 추억》,
《신과 인간이 만나는 곳 종묘》,《은혜 갚은 꿩 이야기》,《꽃섬》,《꽃그늘 환한 물》,《평강공주와 바보온달》,
《오소리와 벼룩》,《동백꽃》,《임금이 부른들 이 집에서 나갈까》,《7년 동안의 잠》등이 있습니다.

어린이 인성사전

초판 1쇄 발행 2015년 6월 1일
초판 18쇄 발행 2023년 4월 20일

글 김용택 | 그림 김세현
발행 이마주 | 주소 경기도 고양시 덕양구 청초로 65, 101-2702
등록 2014년 5월 12일 제396-251002014000073호
내용 및 구입 문의 02-6956-0931
이메일 imazu7850@naver.com | 블로그 http://blog.naver.com/imazu7850
제조국명 대한민국 | 사용연령 4세 이상 | 주의사항 날카로운 책장이나 모서리에 주의하세요
ISBN 979-11-952957-7-7 73810

ⓒ 2015, 김용택, 김세현

이 책은 이마주와 저작권자의 계약에 따라 발행한 것이므로
본사의 서면 허락 없이는 어떠한 형태나 수단으로도 이 책의 내용을 이용하지 못합니다.

잘못된 책은 구입하신 곳에서 바꾸어 드립니다.

김용택 선생님이 들려주는

어린이 인생사전

김용택 글 | 김세현 그림

이마주

작가의 말

 세상의 모든 말들은 서로 관계를 맺고 있습니다. 사랑이라는 말도, 정직이라는 말도, 진실이라는 말도, 정의라는 말도, 평화라는 말도, 평등이라는 말도, 자연이란 말도 서로 관계를 맺고 있습니다. 사랑은 믿음이 없으면 안 되고, 믿음은 정직이 없으면 안 되고, 정직은 진실이 아니면 안 되고, 진실이 정의가 되기도 하고, 진리가 되기도 하고, 다시 사랑이 되기도 하고, 평화와 평등이 되기도 합니다.

 세상에 홀로 태어나 완성된 말은 없습니다. 작은 물방울 하나도 저 홀로 태어날 수 없습니다. 저기 흘러가는 강물이 저 홀로 흐르지 못합니다. 내가 밥을 먹고, 잠을 자고, 공부하는 것 또한 나 혼자 할 수 없습니다. 하루를 사는 하루살이도 저 홀로 태어나 저렇게 날 수 없습니다. 우리가 알 수 있는 것들과 우리가 알 수 없는 것들이 하루살이를 하루 동안 지상에 살게 합니다. 사람이나 곤충이 혼자 살 수 없듯이 하나의 낱말도 홀로 존재할 수 없습니다. 《어린이 인성 사전》은 하나의 낱말이 다른 낱말을 끌어안고 있다는 것을 확인하는 책입니다. 다시 말해 모든 것들이 홀로 존재할 수 없으니 함께 사는 방법과 지혜가 필요하다고 힘주어 말하는 책입니다.

하나의 낱말이 지니고 있는 뜻은 무궁무진하고 변화무쌍합니다. 사랑이라는 말이 주는 뜻이 어제 다르고 오늘 다릅니다. 같은 말이 주는 느낌이 어제 다르고 오늘 다르다면 다른 말들을 받아들여 성장할 준비가 되어 있는 사람입니다. 이 책은 내가 기대고 살아온 낱말들을 내 말과 내 마음으로 이야기해 놓은 것입니다. 같은 말이라도 살아온 삶이 다르기 때문에 사람마다 다르게 느끼고 다르게 말할 수 있을 것입니다.

이 책을 읽는 독자들도 낱말 하나하나에 대한 자기만의 정의를 내려 보면 좋겠습니다. 공책 한 권을 준비해서 사랑에 대해서, 성실에 대해서, 자연에 대해서, 나는 이렇게 생각한다고 써 보는 것이지요. 꼭 그렇게 하길 바랍니다. 그러다 보면 자기 하루와 자기 일상을 정리하게 되어 논리적이고 깊이 있는 생각을 하게 될 것입니다. 생각을 넓히고 표현하는 습관을 기르다 보면 내가 생각하고 쓰는 말이 새로워질 것입니다. 새롭고, 신비롭고, 감동을 주는 나의 말이 다른 사람의 말을 만날 때 우리는 바르고 곧고 크게 자랍니다.

인성이라는 말은 어떤 일이 있어도 사람을 먼저 생각하고, 사람을 지키자는 마음에서 나온 말입니다. 자기 자신을 소중하고 귀하게 가꾸듯이 우리가 사는 세상도 내 몸과 마음같이 귀하고 소중하게 가꾸자는 사람들의 언약입니다.《어린이 인성 사전》을 내는 이유가 여기에 있습니다.

김용택

차례

작가의 말　4

나를 사랑합니다

긍정	12
당당함	16
도전	20
리더십	24
만족	28
부끄러움	32
부지런	36
성실	40
솔직함	44
습관	48

양심	52
여유	56
인내	60
자율	64
자존	68
절약	72
절제	76
질서	80
책임	84
후회	88

# 너를 이해합니다

걱정	94
경청	98
고운 말	102
관용	106
배려	110
예의	114
우애	118
우정	122
위로	126
유머	130
이해	134
존경	138
존중	142
친절	146
칭찬	150
협동	154
효도	158

함께라서 행복합니다

감동	164
감사	168
공존	172
공평	176
나눔	180
사랑	184
생명	188
소통	192
열린 마음	196
용서	200
인정	204
자연	208
진심	212
평화	216
화해	220
희망	224

긍정 · 당당함 · 도전 · 리더십 · 만족
부끄러움 · 부지런 · 성실 · 솔직함
습관 · 양심 · 여유 · 인내 · 자율
자존 · 절약 · 절제 · 질서 · 책임 · 후회

첫 번째 이야기

나를 사랑합니다

긍정

달리기를
했다.

다해 1등
재석이 2등
나 3등

우리 반은
모두 세 명이다.

— 「꼴등도 3등」, 김용택

아이들이 있는 힘을 다해 운동장을 달립니다. 길동이, 철수, 영이, 채욱이, 성민이, 동욱이가 있는 힘을 다해 달립니다. 끝까지 달려서 1등, 2등, 3등, 4등, 5등, 6등이 결정되었습니다. 모두 있는 힘을 다해 달렸기 때문에 2등, 3등, 4등, 5등, 6등을 한 나머지 아이들은 1등을 한 길동이가 부럽지 않습니다. 최선을 다하면, 있는 힘을 다하면 부끄러움도 두려움도 없습니다. 그게 긍정입니다. 긍정적이면 비겁한 싸움이 없어집니다. 자기가 한 일이 떳떳하고 당당하면, 남에게 지고 들어가는 비굴함도 없습니다.

긍정적인 사람은 자기를 새롭게 세우려는 의지가 있고, 남이 이룬 성과를 인정합니다. 나와 남을 인정하는 긍정의 힘이 없으면 그늘이 생기고, 어둠이 생기고, 그 어둠과 그늘 속에서 거짓과 속임이 판을 칩니다. 자기를 믿지 못하고 인정하지 못하면 가치 있는 인생을 가꿀 수 없습니다. 남이 내 잘못을 이야기할 때, 그 말이 옳을 때, 옳다고 인정하는 마음이 긍정입니다.

내가 잘못한 것을 잘못했다고 털어 놓을 때, 남이 그 잘못을 꾸짖을 때, 그 말을 진심으로 받아들이는 것이 긍정입니다.

나도 인정하고 남도 인정하는 것이 바로 긍정입니다.

당당함

옷은 엉덩이, 무릎이 먼저 닳았지
소매 끝, 팔꿈치가 다음이었어. 이걸

바늘로 박음질로 기워 입다가
드르르륵, 빨리 깁는
재봉틀이 나왔지

우릴 가르치는 선생님도
칠판에 쓰시느라 돌아설 때면
바지 뒤쪽에
달팽이꼴로 기운 실 자국

선생님도 기워 입는데
우리야 어때?

예쁘게 기운 옷은 자랑이었지
어머니의 솜씨 자랑

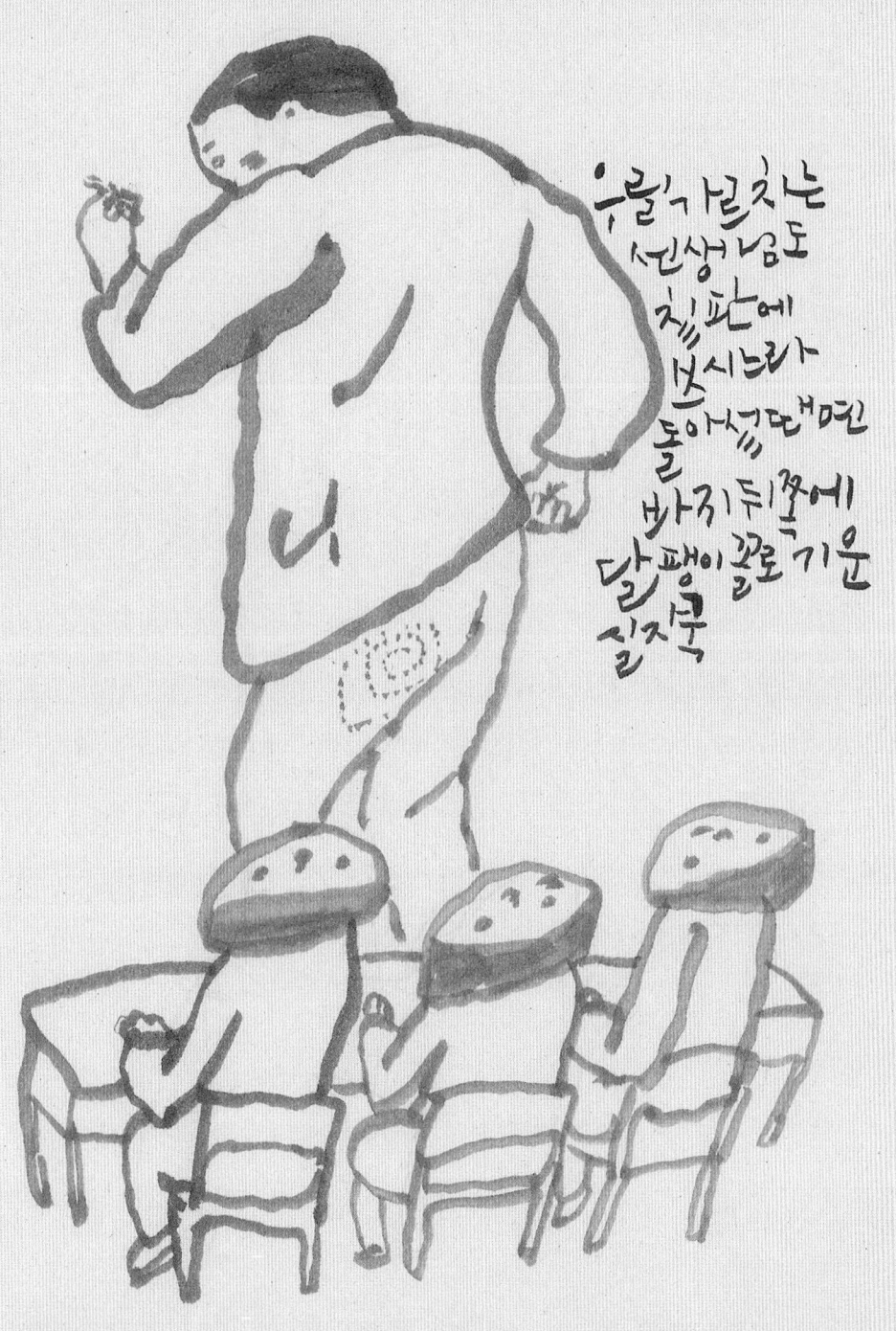

양말도 예쁘게
기워 신고 다녔지

고무신도 운동화도
기워 신었지

- 「기운 옷 – 이것도 할아버지 어렸을 적 얘기」, 신현득

　나보다 비싼 옷을 입은 친구랑 같이 학교에 가기 싫습니다. 나보다 좋은 가방을 메고 다니는 친구가 부럽습니다. 나보다 큰 집에 사는 친구를 보면 나도 그런 집에 살고 싶은 게 사람 마음입니다. 그러나 나보다 비싼 옷, 큰 집에서 사는 친구 때문에 내가 가난하다거나 불행하다고 생각할 필요는 없습니다.
　초등학교, 중학교, 고등학교 다닐 때 내가 가장 많이 받은 평균 점수가 65점이었습니다. 나는 기뻤습니다. 100점을 받은 친

구에게 눈곱만큼도 뒤진다거나, 꿀린다거나, 기가 죽지 않았습니다. 내가 최선을 다해서 받은 점수라 그 점수가 내 점수라고 생각했습니다. 나는 떳떳하고 당당했습니다.

점수를 많이 받은 친구 때문에 내가 불행해질 필요는 없습니다. 나는 오랫동안 그렇게 살았습니다. 나처럼, 늘 나만큼 살았지요. 자신의 지금을 인정하지 않으면 발전하지 못합니다. 나를 인정해야 당당해집니다. 자기 힘으로 자기만큼 살면 세상에 질 것도, 이길 것도, 부러울 것도 없습니다.

숲에 가면 소나무가 있고, 참나무가 있고, 팽나무가 있고, 느티나무가 있습니다. 모든 나무들이 당당하고 우람하게 나름대로 자라서 큰 숲을 이루고 삽니다. 숲이 아름다운 이유는 나름대로 잘 자란 나무들이 서로 어울려 살기 때문입니다. 요즘 사람들은 자기 나름대로 사는 법을 잊어 버린 것 같아요. 남과 비교하다 보면 내가 불행해지고 비굴해지고 비겁해집니다. 자기 나름대로 잘 사는 법을 아는 사람이 당당한 사람입니다.

도전

조그만 씨앗 속에
어쩜 그리도 많은 것이
들어 있을까.
뿌리, 줄기, 잎, 꽃, 열매

조그만 씨앗 속에
어쩜 그리도 큰 것이
들어 있을까.
고추, 호박, 참외, 수박

조그만 씨앗 속에
어쩜 그리도 많은 무지개
어여쁜 빛깔이
들고 또 들었을까.

- 「조그만 씨앗 속에」, 김구연

조그만 씨앗속에
어쩜 그리도 많은 것이
들어있을까 자 뿌리, 줄기,
꽃, 열매 조그만 씨앗속에 어쩜
그림도 꽃들이
있을까 꼭 꼭 밤잠
새우밖 안속에
잤나 그리도 많은 무지개어
백빛깔이 잤을까
듣고 소리

'보잘것없는 내가 무얼 할 수 있겠어? 이 작은 몸으로 뭘 이룰 수 있겠어?' 이런 생각을 해 본 어린이가 많을 겁니다. 하지만 작다고 얕볼 일이 아닙니다. 내 몸과 마음속에는 세상을 움직이고 새로운 세상을 만들 수 있는 무궁무진한 에너지가 숨어 있습니다. 내 몸과 마음속에 꿈틀거리는 힘을 찾아 밖으로 분출시키는 것이 도전입니다.

나는 못할 게 없습니다. 내 속에는 위험에 처한 지구를 구할 수 있는 슈퍼맨의 힘이 숨어 있습니다. 내 속에는 내가 원하는 것을 이룰 수 있는 힘이 있습니다. 내 속에는 해와 달이 숨어 있고, 밤과 낮이 들어 있습니다. 비와 폭풍우가 잠자고 있습니다. 나는 작은 돌멩이를 제치고 세상으로 나오는 어린 새싹 같은 힘을 갖고 있습니다.

자, 이 무궁무진한 힘으로 무엇을 할까요. 무엇을 한번 해 볼까요. '그동안 그렇게 싫어하던 독서를 한번 해 보겠다.', '부모님이 그렇게 말리는 컴퓨터 게임을 오늘부터 딱 끊겠다.' 하고 실천해 보는 것입니다. '내일부터 그래 볼까?'가 아니라, 생각한 것을 지금 바로 실천하는 것, 그게 도전입니다.

  그런데 도전은 실패하게 되어 있습니다. 실패 없는 도전은 없습니다. 실패해야 그때 얻어진 경험이 보태지고 불어나서 큰일을 할 수 있는 힘을 쌓게 됩니다. 일곱 번 넘어지면 여덟 번 일어나는 힘이 내 몸과 마음에 살아 있습니다. 실패와 도전은 한몸입니다. 넘어졌으면 다시 일어나 세수하고, 밥 먹고, 씩씩하게 학교 갑시다. 세상이 여러분의 도전을 기다리고 있습니다.

리더십

물이라고
고여 있거나
흐르기만 하는 것은
아냐

키를 세워
일어설 줄도
알아

선 채
버틸 줄도
알아

추켜들었던 고개를
꺾어
수그릴 줄도
알아

촤르륵촤르륵!

- 「분수」, 이상교

손수레를 혼자 끌고 가는 사람은 리더가 아닙니다. 혼자 앞서가는 사람이 리더가 아닙니다. 앞에서 지휘하는 사람이 리더가 아닙니다. 리더는 이끄는 힘을 키우는 게 아니라, 여러 사람의 힘을 키우는 사람입니다. 리더는 혼자 앞서가는 사람이 아니라, 여럿이 함께 가는 사람입니다. 혼자 힘쓰는 사람이 아니라, 여러 사람의 힘을 모으는 사람입니다. 혼자 잘 사는 사람이 아니라, 더불어 사는 사람입니다. 리더는 혼자 잘난 사람이 아닙니다.

  학교에는 반장이 있고, 담임 선생님이 있고, 교장 선생님이 있습니다. 마을에는 이장, 군에는 군수, 시에는 시장이 있고, 회사에는 사장이 있고, 나라에는 대통령이 있습니다. 그런 사람들을 우리는 리더라고 합니다. 나라가 시끄러우면 대통령의 지도력에 문제가 있다고 합니다. 국민들의 뜻이 어디에 있는지 살펴서 국민들의 마음을 한군데로 모아 어려움을 해결하는 게 진정한 대통령입니다. 가정도, 학교도, 회사도 같습니다. 리더가 갖추어야 할 가장 중요한 덕목은 사람을 중요하게 생각하는 것입니다.

친구들하고 축구 경기를 하다 보면 싸움이 날 때가 있습니다. 싸우다 보면 누가 잘하고 잘못했는지 알게 됩니다. 그럴 때 잘하고 잘못한 것을 지적해서 한쪽을 더 힘들게 하는 사람은 진정한 리더가 아닙니다. 양쪽의 마음을 편하게 해서 다시 신나게 축구를 하게 만드는 사람, 그가 진정한 리더입니다.

만족

할머니 얼굴 주름
파란 콩들이 자라는
밭고랑 닮았어요

할머니 손 잡으면
감이 주렁주렁 열리는
감나무 껍질 같아요

할머니 마음속에 들어가면
이 세상 다 잠재울
비단 이불처럼 부드러워요

- 「할머니 마음」, 김용택

만족은 모자람이 없이 가득 찬다는 말입니다. 그런데 모자람 없이 꽉 찬 상태가 오래오래 지속되거나 영원할 수는 없습니다. 열흘 가는 꽃 없고, 달도 차면 기운다는 말처럼 가득 차면 기울기 마련입니다. 올라갈 때가 있으면 반드시 내려갈 때가 있지요. 아무리 좋아하는 장난감도 몇 달 가지고 놀면 싫증이 납니다. 그게 세상의 이치입니다. 그러니까 태어나서 죽을 때까지 매 순간 만족하며 살 수는 없습니다.

사람의 욕심은 끝이 없습니다. 80점 맞으면 90점 맞고 싶고, 90점 맞으면 100점 맞고 싶고, 100점 맞으면 시험 볼 때마다 100점을 맞고 싶은 게 사람 마음입니다. 그런데 자기가 원하는 것을 모두 이루고 사는 사람은 세상에 없습니다.

나는 늘 지금이 좋은 사람이었던 것 같습니다. 농촌에 살던 우리 또래 사람들이 대부분 그랬듯이 나는 돈 걱정하지 않고 책을 마음대로 사 보는 것이 소원이었습니다. 책이 귀한 시절이기도 했고, 살림이 넉넉하지도 않았으니까요. 나는 오랫동안 책을 외상으로 사 보았습니다. 그런데 외상으로 산 책을 들고 책방 문을 나서면 그렇게 좋았습니다. 가난하다는 생각이나 내가 불쌍하다는 생각이 조금도 들지 않았습니다. 그냥 책을 읽는 게 좋았습니다.

그런데 지금은 책을 마음대로 사 볼 수 있습니다. 지금은 지금대로 좋습니다. 지금의 내가 좋다는 것은 지금 내가 하고 있는 일에 만족한다는 말입니다. 만족이란 지금 내가 하고 있는 일에 최선을 다하고 있다는 말도 됩니다. 지금이 좋아야 내일도 좋은 일이 생깁니다. 지금 좋은 것이 만족입니다.

부끄러움

수수 모가지 고개를 푹 숙였다.
잘못했어요.
한 번만 용서해 주세요.
다음부터는 숙제 꼭 해 올게요.
학교 뒷밭
수수 모가지 고개를 푹 숙였다.

- 「숙제 안 해 온 날」, 김용택

벼 모가지 고개를 푹 숙였다. 잘못 했어요.
한번만 맛요서 패주세요. 다음부터는 숙제 꼭
해올게요. 학교 뒷산는 수수모가지고개를 푹 숙였다.

태어나서 죽을 때까지 모든 일을 다 잘하면서 살 수는 없습니다. 살다 보면 잘못을 하게 되고, 잘못하게 되면 잘못이 무엇인지 알게 되고, 잘못이 무엇인지 알게 되면 어떻게 해야 잘할 수 있을지 생각하게 됩니다. 잘못은 부끄러운 것이 아닙니다. 정말 부끄러운 것은 잘못한 줄 알고도 똑같은 잘못을 다시 저지르는 것입니다. 더 부끄러운 것은 자기가 잘못을 하고도 잘못을 인정하지 않고 우기는 것입니다.

　내가 학교에 다닐 때 가장 많이 받은 평균 점수가 65점이었다고 했지요? 나는 내 점수에 대해, 내가 이룬 것에 대해 부끄러움을 느끼지 못하면서 살았습니다. 내가 있는 힘을 다한 만큼 점수가 나오기 때문에 그 점수가 내 점수인 겁니다. 진짜 부끄러워해야 할 일은 남의 것을 보고 많은 점수를 받고 그게 자기 점수인 것처럼 뻐기거나, 상을 타거나, 합격을 하고 좋아하는 것입니다. 그런데 이걸 알아야 합니다. 부끄러움을 잠깐은 피할 수 있어도 영원히 피할 수는 없습니다.

내가 잘못한 것을 잘못했다고 진심으로 용서를 구하는 것은 나를 지키고 키우는 일입니다. 진실 앞에 고개를 숙이고 무릎 꿇을 줄 알아야 부끄럽지 않은 삶을 살 수 있습니다.

부지런

엄마는 아침밥 해 먹고 설거지하고
방 청소하고 빨래해서 걸어두고
마당에 가 고추 널고 또 고추 따러 간다
얼굴이 빨갛게 땀을 흘리며
하루 종일 고추를 딴다
해 지면 집에 와서 고추 담고
저녁밥 해 먹고 설거지하고
고추를 방에다 부어놓고
고추를 가린다
빨갛게 익은 고추를 가리며
꾸벅꾸벅 존다
우리 엄마는 날마다 진짜 애쓴다

- 「엄마는 진짜 애쓴다」, 김용택

내가 사는 마을에는 강이 있고, 강 건너에는 우리 밭이 있었습니다. 어느 날 새벽, 나는 잠결에 아주 작은 돌들이 부딪히는 소리를 들었답니다. '다그락 다그락 다그락 톡톡, 다그락 다그락 톡톡…….' 잠에서 깬 나는 그 소리가 어디에서 나는지 귀를 기울여 보았습니다. 흐르는 강물 소리 가운데 또렷하게 들리는 그 소리는 강 건너 우리 밭에서 들려오고 있었습니다. 나는 문을 열고 강 건너를 바라보았습니다. 어스름한 새벽 달빛이 강물에 반짝였습니다. 그리고 밭을 매는 어머니의 모습이 희미하게 보였습니다.

어머니는 그렇게 새벽 달빛으로 농사일을 하며 살았습니다. 가을밤 달이 뜨면, 아버지는 밤이 깊도록 짚을 엮어 초가지붕을 이을 나래를 만들었습니다. 어머니의 손길이 키운 곡식으로 밥을 먹고, 아버지가 지붕을 이은 집에서 나는 살았습니다. 뜨고 지는 달이 쉬지 않는 것처럼 농부들은 자연을 따르며 부지런히 살았지요.

이 세상에는 그냥 이루어지고 거저 주어지는 것이 많지 않습니다. 대가를 치러야만 좋은 결과가 나옵니다. 공부를 잘하는 친구를 보면 아주 간단한 장점을 가지고 있습니다. 부지런하지요.

제때 제시간에 자기가 해야 할 일을 거르지 않고 스스로 하는 것이 부지런입니다. 아침에 자기 스스로 일어나는 일이 그 좋은 예입니다. 아침에 스스로 일어나지도 못하면서 무슨 일을 할 수 있겠습니까. 좋은 결과를 가져오는 수많은 노력 중에서 가장 으뜸이 부지런입니다.

성실

논에 모심어 놓고
아버지는 날마다 논 보러 가신다
아침에도 가시고
해가 넘어갈 때도 가시고
한낮에도 논에 가신다

아버지는 날마다 논에 가신다
논에 물이 없을 때도 가시고
논에 물이 가득할 때도 가시고
어떤 날은 캄캄한 밤에도 가신다

아버지, 아침에도 논에 가시더니
왜 저녁때도 가세요?
벼는 내 발소리를 듣고 자란단다

우리 아버지 벼들에게 발소리를 들려주려고
지금 논두렁을 걷고 계신다.

- 「벼」, 김용택

논에 모 심어 놓고
아버진 날마다 논에 가시고
해님이 갈 때도 가시고
한낮에도 가신다
날마다 논에 가시는
무엇이 궁해서 가시는 걸까
어떤 날은 한나절
아침에도 가고 반묶에도 가신다
아이에도 논에 가시더니
가랑잎에 벼 내 발소리를 듣고
자란다 우리 아버지
볍씨 내 발소리를
들려주려고
지금 논두렁
형유 걷고 계신다.

오동나무 꽃이 피면 꾀꼬리가 웁니다. 꾀꼬리가 울면 참깨를 심습니다. 산에 새잎이 다 피어나고 들에 새싹이 다 돋아난 5월 어느 날, 꾀꼬리가 노랗게 솟아오르며 울면 참깨를 심었습니다. 꾀꼬리가 울음소리로 참깨 심는 때를 알려 주었던 셈입니다.

　농부들은 논과 밭에 씨를 뿌려 놓고 시시때때로 논과 밭을 오고 가지요. 햇볕과 바람과 물을 걱정하며 곡식들을 돌봅니다. 햇볕과 물과 바람과 농부의 마음은 거짓이 없습니다. 벼가 자라고, 콩이 익고, 쌀이 밥이 되어 우리 입으로 들어와서 우리를 살리기까지 한순간도 거짓이 없습니다. 거짓 없는 마음만이 생명을 살립니다.

　벼를 심어 놓고 아침저녁으로 곡식 곁을 지키는 농부의 마음만 한 성실은 없습니다. 그 성실이 실은 우리를 살리고 있습니다. 공부도, 운동도, 놀이도 그렇게 성실하게 해야 합니다. 성실한 나를 방해할 수 있는 훼방꾼은 없습니다.

　학교 생활 기록부에 선생님들이 가장 많이 적는 말이 근면 성실입니다. 근면하고 성실한 삶의 자세가 그만큼 중요하다는 말입니다. 친구 집에 갔을 때, 거실에 놓여 있는 꽃 한 송이만 보고도 그 집 사람들이 그 꽃을 어떻게 대했는지 금방 알아차릴 수 있습니다. 정성을 다하는 참된 마음은 말이나 글, 생각으로 하는 것이 아닙니다. 말과 글과 생각은 누구나 다 쉽게 할 수 있습니다. 무슨 일을 하든 정성을 다하는 마음이 성실입니다. 일등 하는 사람보다 성실한 사람이 좋은 사람입니다.

솔직함

어른들이 포클레인으로 강바닥을
크르릉 크르릉 빠가각 빠가각
다 긁어 파 버립니다.
다슬기, 우렁, 물달팽이는 어쩌라고
강바닥을 닥닥 긁어 파 뒤집어 버립니다.
입만 열면 우리들더러 자연보호 하라고
혼을 내면서
강기슭을 쿡쿡 팍팍 찍어 허물어 버립니다.
꺽지, 쉬리, 돌고기 집을 다 허물어 버립니다.
뱀장어 집인 바위를 빼 가고, 강둑을 쌓아 새우 집을
막아 버립니다.
다슬기가 으깨지고
참붕어가 죽어 하얗게 둥둥 떠내려갑니다.
올챙이가 죽어 둥둥 떠내려갑니다.
납자루가 죽어 둥둥 떠내려갑니다.

- 「어른들」, 김용택

있는 그대로 말하는 사람을 우리는 솔직한 사람이라고 합니다. 남의 일보다 자기 일에 거짓을 모르는 사람, 자기 잘못을 감추지 않고 인정하는 사람, 속에다 무엇을 감추지 못하는 이슬방울처럼 투명한 사람을 가리켜 솔직하다고 합니다.

마음이 이슬 속 같아야 사람들이 좋아합니다. 왠지 꺼림칙하거나 가까이하기 싫은 사람이 있습니다. 뭔가를 숨기고, 감추는 사람이 그렇습니다. 그런 사람은 자기가 숨기고 감춘 것이 드러날까 봐 늘 불안해합니다.

솔직함이야말로 사람을 당당하고 해맑게 만들어 아름답게 해 줍니다. 우리 주위에 호감이 가고 사람들이 잘 따르는 사람을 보면 마음이 투명한 사람입니다. 솔직한 사람이지요.

'마음대로 해라.'라는 말이 있습니다. 세상에서 가장 좋은 말입니다. 어떤 것도 숨기지 않고 마음이 가는 대로, 솔직하게 사는 사람이 가장 자유로운 사람입니다.

사람들은 누구나 잘못을 저지르며 삽니다. 엄마도, 아빠도,

선생님도, 대통령도 잘못을 할 때가 있습니다. 유리창을 깨 놓고 자기는 절대 안 그랬다고 우기지만 유리창을 깬 것은 깬 것입니다. 잘못을 저지르고도 시치미 떼고 모른 척하는 어른들이 있다면 솔직하게, 따끔하게 얘기하세요! '우리가 다 보고 있어요. 똑바로 하세요.' 그래야 좋은 세상이 됩니다.

습관

자세히 공부하는 것
자세히 이야기하는 것
'자세히'가 그렇게 중요한 걸까

선생님은 일기 자세히 쓰라 하고
어머니는 말 좀 자세히 하라 하고
학원에선 문제 자세히 풀라 하네

'자세히'는
정말로 끈질기게
자세히도 나를 괴롭힌다

— 「끈질긴 자세히」, 김은영

세상을 잘 사는 사람은 두 가지 특징이 있습니다.

하나는 남의 말을 잘 듣는 사람입니다. 남의 말을 잘 듣다 보면 내가 무엇을 고쳐야 할지, 내가 무엇을 해야 할지 알게 됩니다. 그래야 생각이 바뀌고, 행동이 바뀌어, 내가 바뀝니다. 배운다는 것은 내 생각과 행동을 바꾸어 나를 바꾸고, 세상을 바꾸는 것입니다. 자기를 새롭게 바꿔야 세상이 새롭게 바뀝니다.

또 하나는 자기가 하는 일을 자세히 보는 사람입니다. 수학을 잘하는 사람은 수학 공부를 할 때 문제를 자세히 보는 사람입니다. 영어도, 국어도 다 마찬가지입니다. 공부를 잘한다는 것은, 열심히 산다는 것은, 실은 자기가 하는 일을 자세히 들여다보는 것과 다르지 않습니다. 자세히 보아야 무엇인지 알고, 무엇인지 알아야 이해가 되고, 이해가 되어야 비로소 내 것이 됩니다. 지식이든, 지혜든 그것이 내 것이 될 때 세상 모든 것이 나와 관계를 맺고 있다는 것을 알게 됩니다. 그 앎이 사람을 가꾸고 키웁니다.

세 살 버릇이 여든까지 간다고 합니다. 무섭지요. 잘못된 버릇을 고치기가 얼마나 어려우면 그 버릇이 죽을 때까지 간다고 했겠습니까. 그런데 잘 들인 좋은 버릇도 여든까지 간다는 것을 알아야 합니다. 버릇을 잘 들이면 그것이 몸과 마음에서 쉽게 지워지지 않으니 참으로 다행이지요.

나쁜 습관은 그것이 나쁘다는 것을 알면서도 그 일을 계속하는 것입니다. '오늘까지만' 하다가 그게 습관이 됩니다. 한 번만 하다가 두 번이 되고, '에이, 두 번은 괜찮겠지.' 하다가 세 번, 네 번이 되고, 열 번이 되어서 내 몸과 마음에서 떼어 내기 힘든 습관이 됩니다.

좋은 습관은 한 가지 일을 여러 번 반복해서 몸과 마음에 새기는 것입니다.

양심

개울에서 놀다가 그만 급해서
물속에 앉아 쉬를 하고 말았습니다
행여 누가 볼까 두리번두리번
나 혼자 몸을 한 번 떨었습니다
개울물이 팬티 속에 손을 넣어
고추를 살살 씻어 주었습니다

– 「나만의 비밀」, 안도현

양심이란 마음이지요. 안 보여요. 손에 안 잡혀요. 세상을 감쪽같이 속일 수 있을 것 같지요. 그런데 자기 자신은 절대 속일 수 없어요. 자기가 한 일을 다른 사람이 모른다고 생각하지만 자기 자신은 다 알아요. 양심은 자신이 시키는 행동입니다.

법을 어기면 처벌을 받지요. 감옥살이를 하기도 하고, 벌금을 물기도 합니다. 그렇게 벌을 받고 나면 대가를 치렀다고 생각하지요. 그런데 떳떳하지는 않겠지요. 평생 동안 그 죄를 짊어지고 살게 됩니다. 법적인 처벌은 받았지만 우리에게 양심이 존재하기 때문일 겁니다.

법은 어겼지만 떳떳한 사람도 있어요. 양심을 지키기 위해 법을 어긴 사람들이지요. 우리는 그런 사람을 '양심범'이라고 해요. 그들에게는 양심이 법보다 중요합니다. 남아프리카 공화국 대통령 중에 넬슨 만델라라는 분이 있습니다. 그분은 흑인 해방을 위해 싸우느라 27년이나 감옥을 살았어요. 법은 어겼지만 양심을 어기지 않았고, 감옥행도 두려워하지 않았습니다.

우리나라에도 넬슨 만델라처럼 좋은 나라를 만들기 위해 감옥살이를 하면서까지 양심을 지킨 분들이 많이 있습니다. 아무리 법이 강해도 양심을 감옥에 가둘 수는 없습니다. 때로는 양심을 지키는 일이 법을 지키는 일보다 더 어렵지만, 반드시 지켜야 하는 가치입니다. 법보다 양심이 더 아름답다는 증거입니다.

앞의 동시를 읽으면 양심을 어기는 것이 무섭고 겁나는 일만은 아니네요. 양심을 어겨도 귀엽네요. 그러나 쩨쩨하게 수영장에서 오줌 싸지 마세요. 자기가 알고 있잖아요.

여유

매미가 운다

매미 소리에게 내 마음을 준다

개망초 꽃이 피었다

꽃에게 내 마음을 준다

살구나무에 바람이 분다

바람에게 내 마음을 준다

날아가는 나비에게 마음을 주고

가만히 서 있는 나무에게 마음을 주면

내 마음이 평화롭다

- 「내 마음」, 김용택

시험 문제를 풀다가 모르는 문제를 만나면 아득하지요. 앞이 캄캄해지면서 당황하게 되지요. 당황하게 되면 앞뒤 분간이 안 가 허둥대고, 허둥대다 보면 진땀이 나지요. 그러다 보면 다른 문제도 막히게 됩니다. 그럴 때 당황하지 않고 침착하게 문제에 집중하다 보면 어디선가 가느다란 빛이 찾아듭니다.

어린 시절 강에서 친구들과 고기를 잡고 놀 때였어요. 친구들이 물속 큰 돌 밑에 쏘가리가 있다는 거예요. 모두 물속에 잠수해서 쏘가리를 잡으려고 했습니다. 나도 숨을 크게 들이쉬고 물속에 들어가 돌 밑으로 손을 넣어 보았지요. 미끈한 쏘가리 몸통이 손끝에 닿았어요. 손을 더 깊이 넣었지요. 그런데 숨이 차오르는 거예요. 밖으로 나가야겠다는 생각이 들었어요. 돌 틈에서 손을 빼내려고 하는데, 손이 끼어 안 빠지는 거예요. '아뿔사, 이거 나는 죽었다!' 하는 생각이 들자 더 당황하게 되더라고요. 돌 밑에 끼인 손이 안 빠지면 죽는 거잖아요. 덜컥 겁이 나고 앞이 캄캄해졌어요.

순간 정신이 번쩍 들었지요. '침착하자. 손은 다쳐도 괜찮다. 우선 물 밖으로 나가자.' 하며 있는 힘을 다해 손을 잡아당겼습니다. 손이 쑥 빠지면서 나는 물 밖으로 고개를 내밀었습니다. 물론 손목에서는 피가 났지요. 어떻게 해야 살 것인가를 판단한 그 짧은 순간의 여유가 두고두고 생각납니다. 여유는 어려움을 해결하고 위기를 넘길 기회를 줍니다.

문득 매미 우는 소리나 빗소리가 들리면 마음을 내려놓고 그 소리에 귀를 기울이는 여유가 필요합니다. 마음에 여유가 없으면 가난해집니다.

인내

한 송이의 국화꽃을 피우기 위해
봄부터 소쩍새는
그렇게 울었나 보다

한 송이의 국화꽃을 피우기 위해
천둥은 먹구름 속에서
또 그렇게 울었나 보다

그립고 아쉬움에 가슴 조이던
머언 먼 젊음의 뒤안길에서
인제는 돌아와 거울 앞에 선
내 누님같이 생긴 꽃이여

노오란 네 꽃잎이 피려고
간밤엔 무서리가 저리 내리고
내게는 잠도 오지 않았나 보다

- 「국화 옆에서」, 서정주

인내, 시련, 고통이라는 말이 있습니다. 세상 어떤 것도 그냥 이루어지지 않기 때문에 이런 말이 생겼겠지요. '아하, 세상살이가 참 어려운 것이구나.' 하는 생각이 들 때가 많습니다.

힘든 일을 피하고 싶은 게 사람입니다. 힘든 일은 하기 싫어하지요. 쉬운 일만 하고 싶은 게 사람입니다. 모두 편하게 살고 싶지요. 하지만 하고 싶은 일을 하고 살기 위해서 얼마나 오랫동안 힘든 시간을 견뎌야 하는지 모릅니다. '인내는 쓰다. 그러나 그 열매는 달다.', '고생 끝에 낙이 온다.' 라는 말들은 무엇을 참고 견디고 이겨 내야 자기가 가고 싶은 길에 들어설 수 있다는 것을 보여 줍니다.

자, 여기 주머니가 몇 개 있습니다. 주머니 안에는 아주 달콤한 사탕과 아주 쓴 사탕이 들어 있습니다. 학생들에게 주머니를 하나씩 주고 마음대로 먹으라 했다고 칩시다. 어떤 사탕부터 먹어야 할까요. 인내심이 부족한 학생은 '우선 먹기는 곶감이 달더라.'고 단 사탕부터 꺼내 먹을 것입니다. 나중에는 아주 쓴 사탕만 남게 되지요. 어떤 학생은 쓴 사탕부터 찾아 먹을 것입니다. 그러다 보면 나중에는 다디단 사탕만 남겠지요. 젊어서 편하면 나이 들어서 고생한다는 말입니다. 인내란 어떤 고난이 닥치더라도 해야 할 일은 끝까지 해야 한다는 말입니다. 세상에 그냥 피는 꽃은 없습니다.

자율

빈 벽이 심심하다고 아빠가
큰 거울을 달았어요

벽이 갑자기 환해졌어요
벽에 눈이 생긴 것 같아요

냉장고 콜라 마시러 가다 보니
볼일 보러 나간 엄마가
날 빤히 쳐다보는 것 같아요

— 알았어요, 알았어
이 게임만 하고 얼른 숙제할게요

- 「눈」, 장옥관

벽이 심심하다고 아빠가
큰거울을 달았어요.
벽이갑자기 환해
졌어요 벽에
눈이 생긴것같아요

뭔가를 하다가 이게 아니다 싶으면 하던 일을 스스로 멈추는 것이 자율입니다. 아침에 스스로 일어나고, 스스로 숙제를 하고, 누가 시키지 않아도 현관에 놓인 신발을 정리하는 것이 자율입니다.

자율은 즐겁고 신나고 재미있습니다. 누가 시키지 않았는데 거실 탁자를 정리하고 나면 기분이 우쭐해집니다. 어른이 된 것 같지요. 그래서 내 책상도 스스로 정리하게 됩니다. 시켜서 하면 시키는 일만 보이는데, 스스로 하면 이것도 보이고 저것도 보입니다. 내가 할 일이 많아집니다. 그러다 보면 무엇이든 스스로 해결하는 힘이 생깁니다. 자율성을 키우면 두려움이 없어집니다. 독립됩니다. 멋진 사람이 되어 가는 것이지요.

엄마의 잔소리는 어제 잘못한 일을 오늘도 반복했다는 증거입니다. 잔소리로 자기 일을 해결하는 사람은 새로운 세상을 모릅니다. 스스로 자기 일을 찾아서 하면, 자기도 알 수 없는 힘이 생겨 새로운 세상을 맛보게 됩니다. 그러면 스스로에게 감동하고 자기가 대견해지지요. 남의 간섭을 받지 않고 자기가 세운 기준에 따라 스스로 계획하고 실천하는 힘을 길러야 합니다.

자율은 자기를 지키고 자기를 키우는 힘을 자신 속에서 찾아내는 것입니다. 저 앞산에 서 있는 커다란 소나무처럼 말입니다.

자존

산에 가면
산꽃들이 환하게 피어 있고요
들에 가면
들꽃들이 예쁘게 피어 있어요
어두운 밤하늘엔
별들이 도란도란 빛나고요
우리나라엔
우리들이 반짝반짝 빛나요

산에는 산꽃
들에는 들꽃
밤하늘엔 별꽃
우리나라엔
우리들이 꽃이에요

- 「우리나라 꽃」, 김용택

자존감은 스스로 꽉 찬 마음입니다. 자기 자신을 생각하고, 내 가족을 생각하고, 내가 사는 나라를 생각하는 마음입니다. 흔들림이 없고, 두려움이 없고, 부러움이 없는 상태를 말합니다.

저기 서 있는 나무가 없으면 내가 없습니다. 저기 걸어가고 있는 내 친구가 없으면 내가 없습니다. 내가 없으면 이 세상의 모든 것들이 아무 소용이 없듯이 저 풀밭에 풀이 없으면 나도 없습니다. 아침 이슬을 달고 있는 저기 저 풀잎이 나의 자존감입니다. 산길에서 만난 한 떨기 풀꽃이 나를 설명해 주는 근거입니다. 그리고 세상을 향해 끝없이 내 마음을 내어 주는 것이 내가 존재하는 이유입니다.

학교에 가면서 교통 신호를 잘 지키는 일도 자존감을 지키는 일입니다. 자존심이 상한다는 말은 내가 할 일, 내가 할 수 있는 일을 하지 않을 때 당하는 수모입니다. **자존감은 나와 남에게 부끄럽지 않은 마음을 갖추어 가는 것입니다.**

사람들은 자기가 남보다 못하다는 생각이 들 때 불행하다고 느낍니다. 남과 비교해서 내가 불행해지는 것이야말로 자존심이 없는 것입니다. 남 때문에 내가 왜 불행해야 합니까? 자존심 상하게 말입니다. 자존감은 자기를 당당하고 떳떳하게 지키는 마음입니다.

절약

우리 집 텔레비전은
두 방송만 잘 나온다
다른 방송을 보려 해도
지지지지 화면이 끓는다

선풍기는
어디가 망가졌는지
옆으로 돌아갈 때마다
달칵달칵 소리가 난다

냉장고도
배가 고픈 듯
전기 돌아가는 소리가
윙윙 요란스럽다

어머니는
불편하지 않은가 보다
새 것을 사자고 졸라도
몇 년 더 쓸 수 있다고 하신다

- 「우리 집 전자 제품」, 김은영

나는 시골에 오래 살았습니다. 내가 태어났을 때는 모두 등잔불을 썼지요. 등잔에 불을 밝히려면 석유가 필요했습니다. 석유를 사서 호롱에 담아 불을 밝혔습니다. 석유가 떨어지면 이웃집에서 석유를 빌려 왔습니다. 불을 밝히려면 성냥도 필요했어요. 성냥이 떨어지면 또 이웃집에서 성냥골을 몇 개 빌려 왔습니다.

내가 중학교 때쯤 전깃불이 들어 왔습니다. 전깃불은 전기세를 내야 했습니다. 사람들은 저녁밥을 먹고 일을 하다가 일이 끝나면 바로 전깃불을 껐습니다. 지금도 우리 마을 사람들은 밤이 되면 일찍 불을 끕니다. 불빛 아래서 할 일이 없으면 불을 켜 둘 필요가 없는 것이지요.

우리 어머니께서 어느 날 서울에 가셨다가 밤새워 켜진 도시의 불빛을 보고 "저 사람들은 밤을 새워 일을 하는 갑다."고 말씀하셨습니다. 필요할 때만 불을 켜는 절약 정신이 몸에 배어 버린 것입니다.

전기를 절약하고, 물을 절약하고, 기름을 절약하는 것이 돈을 절약하는 일도 되지만 이제 지구를 지키는 일이 되었습니다. 전기나 물, 기름을 쓰는 것이 지구의 자원을 쓰는 일이고, 또 지구 환경을 위협하는 일이기 때문이지요. 먹고, 자고, 입는 행동 하나하나가 지구 환경과 직결된 세상입니다. 그러니 절약은 개인의 일인 동시에 지구의 일이지요. 잠자기 전에 냉큼 일어나 켜 놓은 거실 등을 끄는 행동이 지구를 지키는 일입니다.

우리가 사는 세상에는 매일 수많은 물건들이 만들어져 나옵니다. 사람들은 늘 새로운 것을 갖고 싶어 합니다. 꼭 필요한지, 없어도 되는지 따지지 않습니다. 그렇게 갖고 싶은 마음은 끝이 없이 커지고, 새로운 것에 대한 집착과 과시가 생깁니다. 그럴 때 앞의 시를 읽어 보세요.

절제

누가 내 머리에서
컴퓨터 좀 꺼 주세요.
눈 감아도
꿈 속에서도
꺼지지 않는 컴퓨터 화면
컴퓨터 화면 속 전사들은
계속 싸우고 있어요.

이젠 눈 꼭꼭 감고
잠자고 싶은데
베개 속에도
천장 위에도
온통 컴퓨터 화면이 켜져 있어요.
누가 내 머리에서
컴퓨터 좀 꺼내 주세요.

― 「꺼지지 않는 컴퓨터」, 이미옥

반드시 해야 할 일이 있고, 절대 해서는 안 되는 일이 있습니다. 반드시 해야 할 일은 어떤 어려움과 유혹이 있어도 꼭 해야 하고, 절대 해서는 안 되는 일은 어떤 어려움과 유혹이 있어도 해서는 안 됩니다. 두 가지 다 하고 싶은 대로 하면 대가가 뒤따릅니다.

부모님이나 선생님이 하지 말라고 말리는 일이 다 옳은 것은 아니지만 대부분 그만 한 이유가 있습니다. 어른들이 그렇게 했다가 큰코다친 경험이 있기 때문입니다. 그래서 어린이들에게 이것저것 하지 말라고 하는 잔소리꾼이 된 것이지요.

앞의 동시는 재밌기도 하지만 무섭기도 합니다. 처음에는 재미 삼아 게임을 시작했겠지만 자기도 모르는 사이에 게임에만 매달리게 되지요. 그게 중독입니다. 예전에 내가 동네 골목에서 하던 놀이는 아무리 해도 중독이라는 것을 몰랐는데, 요즘 게임은 한번 빠져들면 헤어 나오기가 힘듭니다. 안 돼, 안 돼 하면서 자기도 모르게 빠져듭니다.

절제를 잃으면 자기도 감당할 수 없는 수렁으로 빠져 헤어 나오지 못할 수도 있습니다. 유혹을 뿌리치고 자기 힘으로 자기를 지켜내야 합니다. 게임을 하고 싶은 간절함을 한 번만 외면해 보세요. 그것이 절제입니다.

질서

맨 처음 마당 가에
매화가
혼자서 꽃을 피우더니

마을회관 앞에서
산수유나무가
노란 기침을 해댄다

그 다음에는
밭둑의
조팝나무가
튀밥처럼 하얀
꽃을 피우고

그 다음에는
뒷집 우물가
앵두나무가
도란도란 이야기하듯
피어나고

맨 숲 옆
바닷가에 매화가
혼자서 꽃을 피우더니
마음 하얀 앞에도 산수유나무가
노랗게 해 뜬다

그 다음에는
재 너머 사과밭
사과나무가
따복따복 꽃을
피우는가 싶더니

사과밭 울타리
탱자꽃이
나도 질세라, 핀다

― 「순서」, 안도현

　우리나라 산에 사는 나무 중에 생강나무 꽃이 가장 일찍 핍니다. 노랗게 핍니다. 꽃의 생김새가 산수유 꽃하고 비슷합니다. 꺾으면 생강 냄새가 난다고 사람들이 생강나무라고 했답니다. 산에 생강나무 꽃이 피고 나면 마을에서 매화나무 꽃이 피고, 매화나무 꽃이 피고 나면 산수유 꽃이 피고 그리고 살구꽃이 피고, 벚꽃이 피고 그러고 나면 산에서 진달래꽃이 핍니다. 물론 그 사이사이에 목련 꽃도 피고, 개나리꽃도 피지요. 그리고 산벚꽃이 지고 나면 새잎들이 돋아납니다. 내가 말한 꽃 피는 순서가 동네마다 다를 수도 있지만 꽃이 피고 지고, 열매가 맺고, 잎이 지는 순서가 바뀌지는 않습니다.

우리가 사는 세상에 일어나는 좋지 않은 일은 순환의 질서를 어길 때 생깁니다. 자연은 결코 순서와 질서를 어기지 않습니다. 그것이 순리입니다. 순리를 따르면 탈이 생기지 않습니다.

사람들도 질서와 차례와 규칙을 지키며 순리를 따라야 합니다. 차들이 교통 신호에 따라 물이 흐르는 것처럼 자연스럽게 가고 오고 멈추는 것을 보고 있으면 질서가 아름답다는 생각이 듭니다. 질서를 지키는 것은 평화로운 세상을 만드는 아름다운 약속입니다.

책임

우리 반 임동수는
임앗차래요
너 왜 숙제 안 해 왔니 물어보면
앗차! 잊었네

우리 반에 임창수는
임깜박이래요
너 왜 숙제 안 해 왔니 물어보면
깜박 잊었네

– 「별명」, 김용택

오기반 임동누는
임이 삼킬래요.
너 왜 늦게
안해왓니
물어보면
앗참!
잇엇네
오기반
임은학는
임깜빡 이래요
너 왜 늦게
안해
왓니
물어
보면
깜빡
잇엇네!

모든 일은 해야 할 때가 있습니다. 해야 할 일을 하지 않고 때를 놓치면 그때가 다시 돌아오지 않기 때문에 영원히 그 일을 놓치게 됩니다. 사람들은 오랜 시간이 지나서야 그 일을 그때 했어야 한다고 후회합니다. 그러나 그때 못 한 일을 나중에 하려고 하면 너무나 힘이 듭니다.

어른들이 그럽니다. "모든 것은 다 때가 있다." 그 말을 하는 어른들 모두 제때를 한 번씩 놓친 사람들이니, 틀림없이 맞는 말일 겁니다. 말은 갑자기 어딘가에서 솟아나온 것이 아니라 세상 모든 사람들의 경험에서 나옵니다. 이 책에 나오는 말들도 나의 경험과 체험에서 나온 뼈아픈 말입니다.

책임은 대부분 해야 하는 일이기 때문에 어렵고 하기 싫을 때가 많습니다. 그럴 때 가장 좋은 방법이 하기 싫은 일부터 해결하는 것입니다. 책임을 다하면 그때 얻은 힘이 모이고 쌓여서 더 큰일을 헤쳐 나가는 데 밑거름이 됩니다. 지금도 하기 싫어서 미뤄 둔 숙제가 있을 겁니다. 그 숙제부터 해결하세요. 지금이 바로 그 순간입니다. 책임지는 것이 어려운 것 같아도 실은 무거운 짐을 내려놓고 편안해지는 비결입니다.

후회

우리 동네
앞강에서
놓친 고기는
다 크다.
사람들이 고기를 놓치고
집에 와서 식구들에게 이런다.
나 참, 세상에서
그런 메기는
처음 보았당게
꼭 이만했어
이만했당게, 하며
팔을 쭉 뻗어 한 손을
겨드랑이 밑에 갖다 댄다.

- 「놓친 고기」, 김용택

앞 강에서 고기를 잡다가 집으로 돌아온 마을 사람들이 늘 하는 말이 있습니다. "내가 메기를 잡으려고 살살 물속을 더듬는데 글쎄, 이만 한 메기가 손에 잡혔다가 쑥 빠져나가 버렸당게." 그러면서 팔을 쭉 뻗어 겨드랑이 밑에 오른손을 댑니다. 놓친 고기가 팔뚝만 했다는 것이지요. 하지만 그 말을 들은 마을 사람 누구도 그 말을 곧이곧대로 듣지 않습니다. 그 사람이 놓친 고기를 본 사람이 없기 때문입니다. 그런데 고기를 잡다가 놓쳐 본 사람은 다 압니다. 고기를 놓치는 그 찰나에 '두 손으로 잡았으면 잡을 수 있었는데, 아니 이렇게 손을 꼭 쥐었으면 잡을 수 있었는데……' 하고 생각하지만 이미 늦어 버린 것이지요.

「지금 알고 있는 걸 그때도 알았더라면」이라는 시가 있습니다. '지금 알고 있는 것을 그때 알았더라면 내가 이렇게 살지는 않을 텐데, 그때 내가 더 열심히 공부를 했더라면, 그때 내가 그 친구에게 더 잘할걸.' 하는 순간이 누구에게나 다 있습니다.

후회에는 반성이 따릅니다. 다시는 그런 일을 반복하지 않아야겠다는 마음만 먹으면 됩니다. 마음먹는 일이 중요합니다. 내가 잘못했던 순간을 인정하고 훌훌 털고 일어설 줄 알아야 합니다. 후회를 발전의 발판으로 삼는 사람이 세상을 가슴에 안고 사는 큰 산 같은 사람이 됩니다. 반성했다면 후회를 딛고 씩씩하게 일어납시다.

걱정·경청·고운 말·관용·배려·예의
우애·우정·위로·유머·이해·존경
존중·친절·칭찬·협동·효도

두 번째 이야기

너를 이해합니다

걱정

조용하다.
빈집 같다.

강아지 밥도 챙겨 먹이고
바람이 떨군
빨래도 개켜 놓아 두고

내가 할 일이 뭐가 또 있나.

엄마가 아플 때
나는 철든 아이가 된다.

철든 만큼 기운 없는
아이가 된다.

- 「엄마가 아플 때」, 정두리

조왔다
비집갈다.

강아지밥도 챙겨먹고 빨래도
바람이 불고
놓아두고 내가할일이 무거웠다
엄마가아프다 나는종종아파된다
슥겅는만큼 기운없는 아이가된다.

아픈 엄마를 걱정하는 아이의 마음이 잘 나타나 있는 동시입니다. '엄마가 아플 때 철든 아이가 된다.'는 말이 정말 가슴에 와 닿네요. 누구나 다 그런 때를 겪으면서 철들어 갑니다.

살다 보면 생각지도 않은 걱정이 닥칠 때도 있고, 일어나지도 않을 일을 미리 걱정할 때도 있습니다. 걱정거리를 가만히 두면 걱정이 쌓이고 쌓여서 해결할 수 없는 걱정이 되어 버리는 수도 있습니다. '호미로 막을 것을 가래로도 못 막는다.'는 말이 있습니다. 호미 같은 작은 농기구로 막을 수 있었는데, 두려워 미루다 보니 걱정이 커져서 가래 같은 큰 농기구로도 못 막는다는 말입니다. 걱정을 해결하려면 두렵지요. 힘이 듭니다. 하지만 걱정을 키우면 더 해결하기 힘듭니다.

걱정 없이 세상을 살기란 불가능합니다. 걱정이 없는 사람은 세상에 없습니다. 누구나 다 크고 작은 걱정거리를 안고 살아갑니다. 차이가 있다면 어떤 사람은 걱정을 바로 해결하고, 어떤 사람은 미루고 미뤄 걱정을 더 키운다는 것입니다.

걱정을 하나 해결하고 나면 걱정을 해결하는 힘이 생깁니다. 그 힘은 그것을 해결하는 데서 얻습니다. 숙제를 걱정하는 사람은 숙제를 안 하고 있는 사람입니다. 지금 바로 숙제를 시작하면 걱정이 사라지고 숙제를 해결하는 힘이 생깁니다. 그 힘이 걱정을 해결해 줍니다.

잠들기 전에 내일 할 일을 걱정하다가 그 걱정 때문에 잠을 이루지 못할 때가 있습니다. 그러면 그 걱정이 자꾸 커집니다. 걱정에 걱정이 보태지고 뒹굴어 눈덩이처럼 커집니다. 그런데 아침에 일어나 어젯밤의 걱정거리를 생각해 보니 아무것도 아닐 때가 있습니다. 이럴 때 흔히 '걱정을 사서 한다.'고 합니다. 코앞에 닥친 걱정은 지금 바로 해결하고, 내일의 걱정은 내일 해결하면 됩니다.

경청

우리 식구는
재채기가 나오면
어떻게 그치는지
서로 알고 있다

아버지는
"어 어— 엑춰 어— 엑춰
엑춰 어음"
물을 마시고

어머니는
"응 앳취 앳취
아이구"
손으로 입을 훔치고

동생은
"치잇쳣 칫
후루룩"
콧물을 들이켠다

우리 식구는
재채기 소리만 들어도
누군지 서로 안다

− 「재채기 소리」, 김은영

    문 여는 소리만 들어도 아빠인지, 엄마인지, 오빠인지 압니다. 내 방으로 오는 발소리만 듣고도 그게 누군지 알 수 있습니다. 기침 소리, 숨소리만 듣고도 우리 가족 누구인지 금방 압니다. 엄마의 목소리만 듣고도 지금 엄마의 기분을 알 수 있습니다.

우리는 하루 종일 남의 말을 들으며 삽니다. 책도, 텔레비전도, 인터넷에 있는 것들도 모두 남의 말입니다. 수업 시간에 공부를 잘하는 친구를 한번 가만히 보세요. 그 친구는 선생님이 하는 말을 잘 듣고 있을 겁니다. 남이 하는 말을 잘 들어야 내가 무슨 일을 해야 할지 알게 되고, 내가 무슨 말을 해야 할지 알게 됩니다. 어른들이 이런 말을 할 때가 있습니다. '남의 말을 잘 들으면 자다가도 떡을 얻어먹는다.' 여기서 어른들이 말하는 떡이 무엇일까요. 내가 지금 무엇을 해야 하는지 깨닫게 되는 것 아닐까요?

남의 말을 귀 기울여 듣고 마음에 잘 새겨 두면 나를 가꾸는 귀한 영양분이 됩니다. 길가에 있는 풀들도 햇살이, 비가, 바람이 하는 말을 들으며 자라고, 곡식들도 농부들의 발소리를 들으며 자랍니다.

고운 말

'반갑다'를 낱말 그릇에 담을 수 있다
'고맙다'를 그릇에 담을 수 있지

그릇에 담긴다면
봉지에 쌀 수도 있지
좋기는 주머니에 넣고 다니는 게 젤이야
'예쁘다', '귀엽다'도 지닐 만한 말

이걸 지니고 다니다가
반가운 동무 만나면 '반갑다'를 내어서 쓰지
"반갑다, 얘."
고마운 동무에게는 '고맙다'를 내어 쓰는 거야

아기에게는 '예쁘다', '귀엽다'를 내어 쓰지
"아이, 예뻐라. 귀여워라."

지니고 다녀야 할 말
마음속 그릇 아니더라도
내 주머니에 담고 다님 돼
헤프게, 헤프게 손에 잡히는 대로
막 뿌리고 다니는 게 좋아

– 「주머니에 넣고 다녀야 할 말」, 신현득

'가는 말이 고와야 오는 말이 곱다.', '가는 방망이 오는 홍두깨.', '되로 주고 말로 받는다.', '말로 천 냥 빚을 갚는다.', '말로 밥을 하면 조선 사람이 다 먹고도 남는다.' 말에 대한 말이 참 많습니다. 하루 온종일 모든 일이 말로 시작해서 말로 끝납니다.

말투, 말하는 자세, 말의 내용을 보면 그 사람을 알 수 있습니다. 말은 그 사람의 생각이고, 그 사람의 마음이기 때문입니다. 마음이 담긴 말은 사람을 울리지만 마음에 없는 말은 남에게 가닿지 않습니다.

 고운 말은 마음을 담은 말입니다. 진심이 담긴 말입니다. 진심에서 우러나온 말은 깊은 산속 옹달샘처럼 맑고 투명합니다. 진심이 담긴 말은 상대방의 마음을 움직입니다. 고맙다는 말이든, 미안하다는 말이든, 잘못했다는 말이든, 반갑다는 말이든 진심을 담았을 때 상대방에게 닿습니다. 진심이 담긴 말은 맑고 깨끗하게 닦은 나의 마음을 전하는 것입니다.

관용

동네 사람들이
크게 다치거나
큰일을 당하면
할머니는 늘 이렇게 말한다.
남의 일 같지 않다.
다 내 일이다.

동네 아이들과 싸워
울고 들어오면
할머니는 늘 이렇게 나를 달랬다.
어디가 부러져
병신만 안 되면 괜찮다.
애들은
싸워야 큰다.

동생을 함부로 하면
할머니는 늘 이렇게 말씀한다.

우리 집 강아지도
우리가 귀하게 대해 줘야
밖에 나가면
동네 사람들도
귀여워한다.

– 「싸워야 큰다」, 김용택

    싸움은 내가 잘못해서도 생기고 남이 잘못해서도 생깁니다. 그런데 꼭 남의 잘못이 먼저 보이지요. '자기 눈에 든 대들보는 보지 못하고 남의 눈에 든 티를 보고 탓한다.'는 말이 꼭 이런 경우입니다. 그만큼 자기 잘못을 제대로 알고 인정하는 게 어렵다는 말입니다.

    어떤 다툼이든 싸우다 보면 옳고 그름이 드러납니다. 내가 잘했는지, 상대가 잘못했는지, 무엇을 잘못했는지가 드러나게 됩니다. 그때 드러난 잘못을 똑바로 들여다보고, 깨끗하게 인정하고, 잘못을 고쳐 바르게 행동하는 사람은 성숙해집니다. "나는 당신이 하는 말에 동의하지 않습니다. 그러나 당신이 말할 권리를 누릴 수 있도록 죽을 때까지 싸우겠습니다." 프랑스의 유명한 철학자 볼테르의 말입니다. 관용 혹은 너그러움이 무슨 말인지 잘 알게 해 주는 말이지요.

세상 수많은 사람들이 서로 다른 생각을 가지고 살아가기 때문에 다른 사람의 생각과 권리를 인정하지 않을 때 다툼과 싸움이 일어납니다. 다른 사람의 생각을 존중해 주고, 잘한 일을 인정해 주고, 잘못을 용서해 주는 너그러움이 필요합니다.

배려

아이들은 모두 다 김밥입니다
할머니와 단둘이 사는 진철이는 김밥을 싸지 못했습니다
하얀 쌀밥에 계란말이, 멸치 볶음 반찬입니다
선생님도 김밥입니다
친구들이 진철이에게 김밥을 하나씩 나눠 줍니다
선생님도 하나 줍니다
김밥이 하나 둘 셋 넷 다섯 여섯 일곱
우와! 진철이는 김밥 부자 되었네
아이들이 모두 기뻐합니다

- 「소풍」, 김용택

소풍을 가면 꼭 점심을 가져오지 않은 아이가 한둘 있게 마련입니다.

어느 봄 소풍 때였습니다. 남원으로 소풍을 갔습니다. 점심시간이 되었습니다. 모두 점심을 먹고 있는데 한 아이가 그냥 한쪽 구석에 우두커니 앉아 있었습니다. 나도 점심을 싸 가지 않았기 때문에 그 아이가 보였습니다. 놀이공원으로 소풍을 갔기 때문에 점심을 사 먹을 곳이 있겠지 했거든요.

나는 혼자 앉아 있는 아이를 데리고 국숫집으로 갔습니다. 나도 국수 한 그릇, 그 아이도 국수 한 그릇을 먹었습니다. 국숫집에서 국수를 먹고 있는데, 다른 아이가 도시락 뚜껑에다 김밥을 수북하게 쌓아 가지고 왔습니다. 김밥 모양도 크기도 속에 든 재료들도 달랐습니다. 아이들이 자기 김밥을 한 개씩 모았던 것입니다.

우리는 국수를 먹으면서 김밥도 먹었습니다. 김밥을 먹고 있는 그 아이의 눈시울이 붉어졌습니다. 내 눈시울도 붉어졌습니다. 김밥을 먹던 우리 둘의 눈이 마주쳤습니다. 붉어진 눈을 바라보며 우리는 웃었습니다. 배려는 김밥이 도시락 뚜껑에 하나씩 모이는 따듯한 마음이라는 것을 그때 알았습니다.

예의

씹던 껌을 아무 데나 튀, 뱉지 못하고
종이에 싸서 쓰레기통으로 달려가는
너는 참 바보다.
개구멍으로 쏙 빠져 나가면 금방일 것을
비잉 돌아 교문으로 다니는
너는 참 바보다.
얼굴에 검댕칠을 한 연탄장수 아저씨한테
쓸데없이 꾸벅, 인사하는
너는 참 바보다.
호랑이 선생님이 전근 가신다고
아무도 흘리지 않는 눈물을 혼자 찔끔거리는
너는 참 바보다.
그까짓 게 뭐 그리 대단하다고
민들레 앞에 쪼그리고 앉아 한참 바라보는
너는 참 바보다.

내가 아무리 거짓으로 허풍을 떨어도
눈을 동그랗게 뜨고 머리를 끄덕여 주는
너는 참 바보다.
바보라고 불러도 화내지 않고
씨익 웃어 버리고 마는 너는
정말 정말 바보다.

— 그럼 난 뭐냐?
그런 네가 좋아서 그림자처럼
네 뒤를 졸졸 따라다니는
나는?

- 「넌 바보다」, 신형건

원호라는 어린이가 있었습니다. 원호는 인사를 잘합니다. 그냥 적당히 하는 게 아니라 확실하게 합니다. 동네에서 누구를 만나도 똑바로 쳐다보고 허리를 굽혀 씩씩하게 인사를 합니다. 아까 만나 인사를 했는데, 다른 골목에서 만나면 또 인사를 합니다. 처음에는 '아따, 그놈 인사 한번 잘한다.' 하다가, '그놈 뉘 집 아들인가. 아들 한번 잘 두었다.' 하다가, 나중에는 인사를 받으면서 '고놈 커서 뭘 해도 하겠네.' 하게 되었습니다.

조금 언짢은 일이 있다가도 이 어린이가 싱글싱글 웃으면서 '안녕하세요!' 하고 인사를 하면 금방 기분이 풀렸습니다. 그렇게 인사를 해서 학교에서도 금방 유명해졌습니다. 이 어린이의 인사가 사람을 기분 좋게 하는 이유는 딱 한 가지였습니다. 진심이 담긴 인사였기 때문입니다. 진심은 목소리에 묻어나고, 몸짓과 얼굴 표정에서도 묻어납니다. 진심은 마음에 와 닿지요. 사람의 마음을 사로잡습니다.

앞의 동시를 읽다 보면 예의가 얼마나 실천하기 쉬운 것인지, 또 얼마나 실천하기 어려운지 알게 됩니다. 예의는 지키는 것이 아니라 행하는 것입니다.

우애

공부 마치고
언니 교실에 갔더니
언니가 또 손을 들고 서 있다.

관찰용으로 기르는 풍뎅이를
날려 보내서 벌받는다 했다.

쳇, 별걸 다 가지고…….

언니 담임 선생님은 나더러
너는 집에 가라, 했다.

한번 째려 주고
얼른 뛰어나왔다.

그래도
집에 가지 못하겠다.

언니 나올 때까지
가방 메고 골마루를 빙빙 돌았다.

- 「풍뎅이처럼」, 오인태

    가을이었습니다. 나는 차를 몰고 전주에 가고 있었습니다. 하늘은 파랗게 높고 길가에는 코스모스가 피어 있었습니다. 어느 마을 앞을 지나는데 동그랗고 통통한 얼굴이 닮은 아이 둘이 길가 코스모스 옆에 서 있었습니다. 초등학교 들어가기 전의 아이들 같았습니다. 두 아이는 손을 꼭 잡고 서 있었습니다. 자세히 보니, 코스모스 무더기도 아이들처럼 소복하고 탐스럽게 피어 있었습니다. 나는 아이들 앞에 차를 세웠습니다.
    내가 "애들아, 어디 가니?" 그랬더니, 아이들 둘이 손을 더욱 꼭 쥐더니 나를 멀뚱멀뚱 쳐다봤습니다. 내가 "이웃 마을에 가려면 내 차 탈래?" 그랬더니 형으로 보이는 아이가 고개를 살래

살래 흔들었습니다. "그래, 너희들 형제구나?" 했더니 그때서야 "네, 조금 있으면 엄마가 와요." 합니다.

나는 형제라는 말을 들을 때마다 이상하게 그 가을날 풍경이 떠오릅니다. 우북하게 피어 있는 코스모스 옆에 손을 꼭 잡고 서 있던 그 형제의 모습이.

형제는 핏줄을 나눈 사이입니다. 하루하루를 같은 집에서 부대끼며 살아갑니다. 서로 모르는 것이 없는 사이입니다. 그래서 잡은 손을 놓지 않는, 헤어지려야 헤어질 수 없는 사이입니다. 세상에서 가장 아름다운 사이입니다. 먼 곳에 간 형이 온다는 시간에 오지 않을 때 잠을 이루지 못하고 기다리는 애틋한 마음이 우애입니다.

들국화꽃 피면은 생각이 나요
송이송이 꽃송이 꽃송이마다
어른어른 지희 얼굴
보고 싶은 지희 얼굴
바람결에 지나가요
바람결에 살아나요

들국화가 피면은 생각이 나요
들국화꽃 보면은 눈물이 나요

– 「이사 간 지희」, 김용택

들국화 꽃피면 생각이나요 송이송이 꽃송이마다.
어른어른지친 얼굴 보고싶은지난 얼굴
바람결에 지나가요 바람결에 살아나요.
들국화 피면은 생각나요 들국화꽃 보면은 눈물이나요.

지희는 내가 가르쳤던 어린이입니다. 나는 내가 태어나고 자란 섬진강 가에 있는 작은 학교에서 초등학교 선생을 하며 살았습니다.

1970년대부터 80년대까지 농촌 사람들이 도시로 떠나갔지요. 내가 가르치던 아이들도 부모님을 따라 도시로, 도시로 떠나갔습니다. 강을 낀 길을 따라 같이 걸어 다니던 친구들이 하나둘 사라지면서 강가에 핀 꽃들도, 강물 소리도, 강물에 내리는 눈송이들도 외로워지기 시작했습니다. 그리고 나중에는 강길이 텅 비어 나 혼자 걸어 다녔지요.

마지막 학생이었던 지희가 떠나고 나 홀로 학교에 걸어가던 날 나는 울었답니다. 학교까지 가는 길이, 집으로 돌아오는 길이 너무 멀게 느껴졌습니다. 아이들이 나를 부르던 소리가, 아이들이 재잘거리던 소리가 물소리가 되어 나를 슬프게 했지요. 나는 그 뒤로도 오랫동안 그 길을 걸어 학교에 다녔습니다. 그리고 눈이 오고, 비가 오고, 바람이 불고, 들국화가 피면 정든 아이들의 얼굴이 하나하나 떠올랐답니다. 피어나는 꽃송이처럼 말입니다.

  우정은 정이 드는 것입니다. 마음을 주고받는 사이에 생기는 마음입니다. 우정은 눈에 보이지는 않지만 쌓이고 두터워집니다. 우정은 친구 사이의 정을 말하지만 실은 이 세상에 존재하는 모든 것들과 다 정이 듭니다. 사람의 본성이지요. 집에서 기르는 개하고도 정이 들고, 늘 보던 집 앞 나무와도 정이 들고, 엘리베이터에서 이따금 만나는 이웃집 아저씨하고도 정이 듭니다. 우정은 사람을 모이게 하는 추운 겨울의 난롯불 같은 것입니다.

위로

심부름으로
일주일 동안 쌓였던
재활용 쓰레기 내다 놓고 왔다.

어머니는 칭찬 대신
집 안이 한결 가벼워졌다고 하셨다.

그 뒤부터
쓰레기봉투 묶여져 있으면
아무 말 않고 내다 놓고 온다.

내 몸의 아토피 걱정
손님 없는 아버지 가게 걱정
중풍으로 쓰러지신 외할머니 걱정

어머니 마음속 근심도
홀가분히 비워 드리고 싶다.

- 「가벼워진 집」, 김은영

가벼워진 집

심부름으로
일주일동안 쌓
였던 재활용
쓰레기를 내다
놓고 있었다
어머니 마음속 근심도
홀가분히 비워드리고 싶다.

살다 보면 힘든 일도 있고, 즐거운 일도 있고, 슬픈 일도 있습니다. 조용할 날이 없는 게 사람 사는 세상입니다. 하루하루가 다 만족스러운 사람도 없고, 또 그런 날이 날마다 계속되는 것도 아닙니다. 그런데도 사람들은 학교에 가고, 직장에 가고, 놀고, 밥 먹고, 사랑하고, 미워하며 하루를 삽니다. 그 하루를 살고 사람들은 집으로 돌아갑니다.

집! 집은 사람이 만든 것 중에서 가장 좋은 것입니다. 멀리서 자기 집을 바라볼 때 불이 켜져 있으면 발걸음이 빨라집니다. 집에 들어섰을 때 엄마나 아빠가 있으면 그렇게 안심이 됩니다. 엄마 아빠랑 같이 식탁에 앉아 밥을 먹으면 즐겁습니다. 같이 텔레비전을 보며 웃고 놀면 얼마나 좋습니까. 엄마, 아빠, 동생이 집에 있다는 것만으로 위로가 됩니다. 가족이 있다는 그 자체가 위로입니다.

위로는 내 한쪽 어깨를 다른 사람에게 내어 주는 것입니다. 위로는 내 이웃에게 내 마음 한 자락과 내 어깨를 내어 기대게

해 주는 것입니다.

  힘들어하는 누군가를 위해 내 어깨를 내어 준 적이 있다면 그 사람은 괜찮은 사람입니다. 위로는 혼자서는 안 됩니다. 내가 아닌 다른 사람이 옆에 있어야 합니다.

유머

어딜 가니

몰라

멀리 가니

모올라

가기는 가니

(!!)

- 「달팽이와 놀아나다」, 서정춘

초등학교 국어 시간에 이순신 장군이 전사하는 장면을 연극으로 꾸미는 단원이 있었습니다. 총알을 맞고 쓰러진 이순신 장군에게 부하가 "장군님!" 하면 이순신 장군이 "내 죽음을 알리지 마라." 하고 말하는 대목이었습니다. 그런데 부하 역할을 맡은 아이가 "장군님!" 하니까, 이순신 장군 역할을 맡은 아이가 이렇게 말했습니다. "내 죽음을 말리지 말라." 순간 아이들이 모두 책상을 두드리며 웃었습니다.

주위를 둘러보면 사람을 기분 좋게 만드는 사람들이 있습니다. 그런 사람을 보면 이유 없이 웃음이 나오지요. 기분이 좋아지고 싱글거리게 되지요. 무슨 즐거운 일이 일어날 것만 같지요.

앞의 시를 보면 정말 달팽이 하고 '놀아나는' 느낌이 듭니다. 웃음이 절로 나오지요. '놀아나다'라는 말이 주는 느낌이 정말 재미있습니다. 왜냐하면 사람하고 달팽이하고는 놀지 못합니다. 그런데 이 시를 읽으면 마치 달팽이하고 놀고 있다는 생각이 듭니다. '가기는 가니?' 하면 웃음이 절로 나옵니다.

나는 방송에서 하는 개그 프로그램은 꼭 찾아봅니다. 유쾌하고, 재미있고, 세상살이의 고단함을 잠시나마 잊게 해 주기 때문입니다. 유머는 느리게 가는 달팽이를 따라가 보는 일이 아닐까요?

이해

날씨도 추운데
아버지는 우리 집 나락을 경운기에 싣고
면사무소에 갔다가 오셨다
면사무소 마당에는 아무렇게나 쌓아 놓은
경운기 위의
벼들이 눈을 맞는다

농사꾼은 진짜 못 살겠단다
수염도 못 깎은 거칠한 얼굴로
아랫목에 앉아 담배만 피워대며
진짜 농민은 이제 못 살겠단다
텔레비전을 보면
농민들이 아스팔트에 나락을 뿌리고
불을 붙인다
벼들이 불에 타고
성난 농부들의 얼굴과 울부짖는 소리가 들린다

땀에 젖은 옷
흙탕물을 뒤집어 쓴 얼굴로
농약을 뿌리고
돌아와 끙끙 앓으며 잠이 드시던
아버지 농사일을 생각하며
면사무소 앞을 지날 때
녹슨 경운기 위 눈 쌓인 나락을 보면
나는 눈물이 난다
진짜로 눈물이 난다.

- 「우리 아버지」, 김용택

    농사를 짓고 사셨던 우리 어머니는 이웃집에서 슬픈 일이 일어나면 늘 "남의 일 같지 않다."고 하셨습니다. 동네에서 일어나는 크고 작은 일들이 다 나에게도 일어날 수 있는 일이니까요. 옆집 아저씨가 경운기를 타고 가다 경운기가 넘어져 크게 다쳐도 그 일이 남의 일이 아니고 내 일이었습니다. 어머니는 곧장 달려가 내 일처럼 돌봐 주고 같이 가슴 아파했습니다. 어느 집에 된장이 떨어지면 어머니는 얼른 된장을 가져다주었지요. 이해하지 못하면 함께 살지 못합니다. 이해하지 못하면 행복은 없습니다. 세상에서 자기 혼자 행복할 수는 없으니까요.

농사짓는 농부들이 나락을 불에 태울 때, 그들의 마음을 이해해야 합니다. 농부들이 배춧값이 싸다고 배추밭을 갈아엎을 때 그들의 마음을 이해해야 합니다. 이해는 안다는 것입니다. 하지만 알고 말면 아무 소용이 없습니다. 그들을 직접 도울 수는 없어도 농부들의 마음을 가슴에 담아서 쌀 한 톨, 배춧잎 하나도 귀하게 먹어야 합니다. 남의 아픔이 내 아픔이 될 때 진정한 이해가 시작됩니다.

존경

선생님이랑 학교 뒷산 밭에 갑니다
할아버지가 밭을 갑니다
이라 자라 이놈의 소야
소더러 이놈 저놈 달래고 소리 지르며
밭을 갑니다
선생님이랑 밭가에 나란히 앉아
소가 밭 가는 것 봅니다

선생님이랑 마을에 놀러 갑니다
할머니들이 하이고 용택이 선생 오셨네 하며
찐 고구마 내놓습니다
할머니 마루에 앉아 고구마 먹으며
마당에서 노는 닭 보며 놉니다

선생님이랑 논에 갑니다
모들이 파랗게 자라는 논에 가면

자운영 꽃도 보고, 제비꽃도 보고, 토끼풀 꽃
도 봅니다
　선생님은 뭐든 다 압니다
　꽃도, 나무도, 고기도, 날아다니는 새도, 마을
사람들도 다 압니다

　선생님이랑 어디를 가면 세상 모든 것들이 다
이름이 있고
모두 새로 보입니다
모두 살아 있습니다

-「선생님이랑」, 김용택

　학교 뒤에 있는 밭에서 고추를 심으면 선생님은 아이들을 데리고 밭으로 갑니다. 선생님은 할머니들이 고추 심는 것을 도와줍니다. 선생님과 할머니들이 고추 심는 것을 보고 있던 아이들이 돕겠다고 나섭니다. 고추를 다 심은 할머니가 부침개를 가지고 옵니다. 그러면 모두 빙 둘러 앉아 부침개를 맛있게 먹습니다.

마을 사람들은 선생님과 친합니다. 마을 사람들은 그 선생님을 친한 이웃 아저씨처럼, 삼촌처럼, 동생처럼 스스럼없이 대합니다. 어려워하지 않습니다. 그 누구도 그 선생님에게 존경한다고 말하지 않습니다. 그냥 모두 좋아합니다. 내가 어렸을 때 우리 마을에 그런 선생님이 한 분 있었습니다. 나도 그렇게 살고 싶었습니다.

우리 모두에게 좋은 사람, 생각하면 그냥 좋은 사람이 존경받는 사람일 것입니다.

존중

담장 위에 걸터앉아
호박이 큰다.
아빠 엉덩이만 하다.

그 엉덩이 아플까 봐
할머니는
돌돌돌 또아리를 틀어
호박 곁으로 가신다.

— 자, 방뎅이 좀 들썩 해 보렴!

호박 엉덩이를
찰싹 때리며
또아리를 받치신다.

- 「엉덩이가 아플까 봐」, 권영상

담장벽에걸린   얹어야호박이큰다.
애호박영덩이만   하다.그영덩이가
아플까봐 할머니는   동돌앉돌아들 틀어 호박
　　　　구덩이로가신다
　자방영이좀 늦석 해보리금 호박영덩이를
　　　찰싹때리이니 돌아서름 받치신다.

어느 날 고속 도로 휴게소에서 밥을 먹게 되었습니다. 밥을 먹고 있는데 내 옆자리에 초등학교 5학년쯤 되어 보이는 어린이와 그 엄마가 앉았습니다. 어린이는 엄마가 자리에 앉기도 전에 "엄마, 물 가져 와." 그러는 거예요. 엄마는 앉을 틈도 없이 물을 가지러 갔어요. 나는 깜짝 놀랐습니다. 아니, 초등학교 5학년쯤 되면 자기가 스스로 물을 가져다가 먹을 수 있지 않을까요. 자기도 충분히 할 수 있는 일을 엄마에게 시키는 것을 보며, '집에서도 늘 저러겠지.' 했습니다.

존중이란 따로 떠받드는 것이 아닙니다. 시간 내서 따로 배우는 것이 아닙니다. 존중은 몸에 배어 있는 것입니다. 일상적이고 구체적이어서 마음에서 절로 우러나오는 것입니다.

앞의 동시처럼 호박 엉덩이가 아플까 봐 또아리를 받쳐 주는 마음이야말로 진정한 존중입니다. 거실 화분에 있는 꽃이 시들어 보일 때 물을 주는 것이 존중입니다. 오늘 신은 양말을 벗어 빨래 통에 넣는 일이 엄마를 존중하는 일입니다.

엄마가 물을 가지러 가려고 하면 "엄마, 앉아 있어. 내가 가져 올게." 하는 마음이 존중입니다.

친절

할머니가 또 짐을 내민다.
얘야, 이걸 좀 들어다
저기 슈퍼 앞에 놓아 다오.

어딜 다녀오는지
자주 그 자리에 앉아 쉬다가
길 가는 이에게 짐을 맡기는 할머니.

오늘은 짜증이 나
들은 체 만 체 지나가려는데
할머니가 푸념을 한다.
어제 어떤 애는 잘 들어 주더구먼.

근데 할머니는 눈도 희미한지
내 얼굴이 안 보이나 보다.

어제 그 애가 나예요.
큰 소리로 말해 주려다 말고
그냥 짐을 든다.

- 「그 애가 나예요」, 성명진

그애가 나예요.

할머니가 동전을 내민다.
얘야, 이걸 좀 들어다, 경로수편 앞에
놓아다오. 어딜 다녀오는지
자꾸 그 자리에 ■ 앉아 쉬다가
길가는 이에게 짐을 맡기곤
할머니, 오늘은 짜증이나
들은 체 만 체
지나가려 하는데
할머니가 푸념을
한다. 어제
어떤 ■ 애는
잘 들어다
주더구먼.
그댄 할머
니는 누도회
미웠는지 내 아구이 쌤이 나 보다.
어제 그애가 나예요. 큰소리로 말해주려다
말고 그냥 짐 호 든다.

친절은 정답고 고분고분합니다.

친절은 사랑이요, 인간 존중입니다.

친절은 상냥합니다.

친절은 배려해 주는 것입니다.

친절은 돕는 것입니다.

친절은 양보와 희생입니다.

친절은 참는 것입니다.

친절은 만족시켜 주는 것입니다.

친절은 정성을 다하는 것입니다.

친절은 예의범절입니다.

친절에 대한 이 말들은 내가 인터넷에서 가져 온 것들입니다. 대개 '정다운 것' 또는 '예의범절을 잘 지키는 것'이 친절이라고 합니다. '양보와 희생'이 친절이라고 말하기도 합니다. 세상 모든 말들은 서로 깊은 관계를 맺고 있기 때문에 친절이라는 말만 가지고 친절에 대해 이야기할 수는 없습니다.

인성은 사람을 귀하고 소중하게 가꾸려는 마음을 말하는데, 인성을 가꾸는 일이 곧 사람을 가꾸는 일이 됩니다. 이 세상 어떤 것보다 사람이 중요하다는 말입니다. 친절이라는 말도 사람이 귀하다는 말을 그렇게 한 것이지요. 친절이야말로 우리가 사는 세상을 귀하고 소중하게 가꾸려는 마음, 그 착한 마음이 시키는 일을 하는 것입니다.

칭찬

친구만 칭찬하지 말고
강아지만 칭찬하지 말고

우리와 함께 묵묵히 걸어가는 길도 칭찬하자
가지마다 주렁주렁 열매를 익힌 감나무도 칭찬하자
풀숲에서 목청껏 노래하는 풀벌레들도 칭찬하자
둥둥 달을 띄워 놓고 있는 연못도 칭찬하자

동생만 안아주지 말고
고양이만 안아주지 말고

나무도 안아주자
풀들도 안아주자
꽃들도 안아주자
돌들도 안아주자

- 「자연을 칭찬하기」, 권창순

와! 재미있는 시네요. 시인들은 눈이 밝기도 하지요. 사람들이 보지 못하는 것들을 보기도 하고, 사람들이 생각하지 못하는 것들을 생각해 내기도 하고, 사람들이 끙끙거리며 어려워하는 것을 쉽게 풀어 주기도 하고, 때로는 나를 되돌아보게 해 주기도 하지요.

시인들은 세상을 자세히 보는 사람들이랍니다. 자세히 보다 보니, 보통 사람들이 별 생각 없이 다니는 길도 애쓴다고 칭찬해 주고, 감을 주렁주렁 달고 있는 감나무도 칭찬해 주고, 울고 있는 풀벌레도 칭찬해 주고, 나무도 풀잎도 꽃도 돌멩이도 칭찬해 주고 안아 주고 싶어 합니다. 칭찬은 잘했다가 아니라, 나도 네 마음과 같다는 뜻을 전해 주는 것입니다. 내가 하지 못한 일, 내가 이루지 못한 일을 한 사람에게 존경의 마음을 건네는 것입니다. 그냥 좋아해 주는 것입니다.

그러니까 칭찬은 내 마음을 주는 것이네요. 그러니까 칭찬은 주는 마음을 받는 것이네요. 칭찬은 세상 사람들에게 내 마음을 아끼지 않고 주는 것입니다. 나를 주는 것입니다. 칭찬을 하는 사람이나, 칭찬을 받는 사람이나, 칭찬을 구경하는 사람 모두의 마음을 부자로 만들어 주는 말입니다.

협동

너도
포도
나도
포도

우린
포도

나도
작고
너도
작고

근데
참 크다

한 송이
우린

- 「포도」, 유희윤

한 개의 작은 포도 알들이 모여 큰 포도송이가 된다는 이 평범한 말이 진리가 됩니다. 앞의 시에서 '너도 작고, 나도 작다'는 말이 우리를 신나게 합니다. 작은 것들이 모여 커진다는 말은 큰 것들이 모여 커진다는 말보다 큰 울림이 있습니다.

이 힘으로 못할 게 없습니다. 못 이룰 게 없습니다. 두 주먹이 쥐어집니다. 얼굴에 웃음이 가득 차오릅니다. 무슨 일이 일어날 것 같고, 무슨 일이 이루어질 것 같습니다. 왠지 희망찹니다.

운동회 때 바구니 터뜨리기 하던 생각이 납니다. 아주 작은 모래주머니들이 큰 바구니를 때려 마침내 바구니를 터뜨리니까요. 작은 이슬방울들이 모이고 모여 커다란 강물이 되고 바다가 되니까요.

협동은 힘을 모으기도 하고, 힘을 나누어 갖기도 하고, 힘을 섞어서 하나의 힘으로 만들기도 합니다. 여럿의 생각과 힘이 모여 하나가 될 때 그 기운으로 못할 것이 없습니다. 협동은 서로의 힘을 보태서 새로운 힘을 만들어 내는 일입니다. 작은 물줄기들이 같은 길에서 만나 바다로 가는 것입니다.

효도

엎드려 누운
아버지의 허리를 밟는다

아버지 허리에서
뚜두둑 뚜둑
뼈 마치는 소리가 난다

어이구 구구!
어이구! 시원하다
눈을 감는 아버지

우리 집은 없는데
남의 집 지으러
목수 일 다니는 아버지

아버지의 아픈 허리에
철근처럼 튼튼한
기둥을 세워 드리고 싶다

- 「아버지의 허리」, 김은영

엎드려 누운 아버지의 허리에서, 뚜두둑 뚝 뼈 마치는 소리가 난다. 아버지 허리를 밟는다. 어이구! 어이구! 시원하다.

효도라고 하면 어쩐지 강요받는 듯한 느낌이 들 때가 있습니다. 옛날부터 부모님에게 잘하는 사람을 나라가 나서서 자랑해 주었기 때문 아닐까요. 효부 상을 주고, 효자 상을 주고, 효자비를 세우고 그러다 보니 효심이 자랑거리가 되었습니다.

부모님에 대한 사랑이 어째서 남의 눈을 의식해야 하는 일입니까. 나를 낳아 주고 길러 준 부모님에게 무슨 일인들 못 하겠습니까. 너무도 당연한 것을 나라가 나서서 가르치고 사회가 지나치게 강조하다 보니, 효도가 하기 싫은데 억지로 하는 일처럼 되어 버렸습니다. 심지어 효심이 시험에도 등장하다 보니, 정말 '억지 심청'이 되어 버린 것 같아요.

옛날에 농사짓고 살던 시대에는 대부분 대가족이었습니다. 아들은 아내를 맞아들여 부모님과 한집에서 살았습니다. 큰아들은 반드시 부모님을 모시고 살았지요. 그런데 이제는 자식들과 따로 사는 부모님이 많습니다. 부모님을 모시고 싶어도 그렇게 되지 않는 사람들이 많지요. 지금이야말로 부모님을 절실하게 생각해야 할 때입니다.

　앞의 동시는 부모님에 대한 생각이 얼마나 일상적이고 자연스러운 일인지 잘 보여 주고 있습니다. 아버지의 허리를 밟아 드리는 이 작고 하찮은 일이야말로 우리에게 강요되어서는 안 되는 일입니다. 효도는 나를 낳아준 부모님을 모시고 보살피는 가장 기본적인 사람의 도리입니다.

감동 · 감사 · 공존 · 공평 · 나눔 ·
사랑 · 생명 · 소통 · 열린 마음 · 용서 ·
인정 · 자연 · 진심 · 평화 · 화해 · 희망

세 번째 이야기

함께라서 행복합니다

감동

귤
한 개가
방을 가득 채운다.

짜릿하고 향긋한
냄새로
물들이고

양지짝의 화안한
빛으로
물들이고

사르르 군침 도는
맛으로
물들이고

귤
한 개가
방보다 크다.

- 「귤 한 개」, 박경용

황한개가 방을 가득 채운다. 짜릿하고
향긋한 냄새로 물들이고 양지쪽으
화안한 빛으로 물들이고 사르르 군침도는 맛
으로 물들이고 귤한개가 방보다 크다.

감동은 눈에 보이지 않고 손에 잡히지도 않지만 사람의 마음을 움직입니다. 감동적인 시, 감동적인 음악, 감동적인 운동경기, 감동적인 영화, 감동적인 사랑 이야기……. 그러고 보니 사는 것 자체가 서로에게 감동을 주고 또 받는 일인 것 같습니다. 지금 내가 살아 있고, 사는 것 자체가 감동이지요. 어려운 환경 속에서 역경을 딛고 일어선 사람도 우리에게 감동을 주지만, 지금 이렇게 살아 숨 쉬고 있는 것이 감동이라고 생각하면 그게 감동입니다.

어디 그뿐이겠습니까. 봄에 산과 들에 피는 꽃과 새잎들을 보고 있으면 그게 그렇게 감동입니다. 바람 없이 내린 눈이 나뭇가지에 소복이 쌓여 있는 풍경을 보면 감동합니다. 저기 바람 속에 서 있는 한 그루의 나무를 자세히 바라보면 정말 감동적입니다. 아침이면 어김없이 솟아오르는 태양을 보고 어찌 감동하지 않을 수 있겠습니까.

감동은 꾸미는 것이 아닙니다. 감동은 억지로 만들어지지 않습니다. 정직한 모습일 때만 감동이 일어납니다. 감동은 진실이고, 진심입니다.

작은 귤 한 개의 향기가 방 안을 가득 채우고, 그 맛이 세상을 물들입니다. 감동은 크고 화려한 것이 아니라, 작은 귤 한 개로도 우리 마음을 노랗게 물들이는 것입니다.

감사

우리 아빠 시골 갔다 오시면
시골이 다 따라와요

이건 뒤안에 상추
이건 담장에 호박잎
이건 앞마당에 토란 잎
이건 위꼍에 애호박
이건 강 건너 밭에 풋고추
이건 장광에 된장
이건 부엌에 고춧가루

우리 아빠 시골 갔다 오시면
시골이 다 따라와요
맨 나중에는 잘 가라고 손짓하시는
우리 시골 할머니 모습이 따라와요
할머니 보고 싶어요

- 「우리 아빠 시골 갔다 오시면」, 김용택

아버지가 시골에서 가지고 온 보따리를 풀면 그 속에서 봄 여름 가을 겨울이 다 쏟아집니다. 봄이면 쑥, 두릅, 고사리, 취나물이 쏟아지고, 여름이면 딸기, 상추, 오이, 감자, 토마토가 와르르 쏟아집니다. 가을이면 고구마, 감, 알밤이 쏟아지고, 겨울이면 다디단 곶감이 나옵니다. 할머니가 보내 주신 과일과 채소 들이 펼쳐질 때마다 우리는 보물이 쏟아지는 것처럼 '와! 와!' 고함을 질렀습니다.

할머니, 농사를 지으시는 우리 할머니. 할머니의 주름진 얼굴, 굵은 손마디가 생각납니다. 할머니가 가지를 따는 모습이 눈에 선합니다. 할머니 감사합니다.

친구들과 놀고 싶어 엄마에게 전화를 합니다. "엄마, 나 친구들하고 집에 가서 놀아도 돼?" 하고 묻는데 엄마가 "그래, 어서 와." 하면 정말 고맙습니다. 친구들을 여러 명 데리고 집에 들어갔는데 엄마가 상냥한 얼굴로 "애들아, 어서 오너라." 하며 반갑게 맞아 주었을 때 정말 감사합니다. 친구들과 시끄럽게 떠들고 이 방 저 방 어지럽게 놀았는데도 아무 말 없이 우리가 어지른 것들을 치우는 엄마를 보면 정말 감사하지요. 그런 엄마를 보면서 '앞으로 엄마에게 잘해야지.' 하는 마음이 들면 그게 진짜 감사하는 마음입니다. 감사는 기쁨이 가득 차서 나도 보답하고 싶은 마음입니다.

자식들 먹일 먹거리를 이것저것 싸는 할머니 모습, 친구들과 어지른 집 안을 말 없이 정리하는 엄마의 모습을 마음에 담아 두고 잊지 않는 것이 감사입니다. 그런 마음을 품은 사람이 어른이 되면 그 마음이 아들딸에게 그대로 전해집니다.

공존

이웃집 할매는 혼자 삽니다
딸들은 다 시집가고 아들들은 서울 삽니다

할매는 오늘 밤에도
우리 집에 칼국수 한 양푼을 가져왔습니다

옥수수나 감자 제사 떡이나 찰밥만 해도
우리 집에 꼭 가져옵니다
가져오실 때마다 혼자 먹으니 맛이 있어야제 하시며
우리랑 같이 먹으면 맛이 있다고 많이 드십니다

어머니께서도 김치만 새로 담아도
할머니를 불러 밥을 같이 드시며

옛날 식구들 많을 때를 이야기합니다
우리 동네는 모두 스물두 집인데

장이동댁 할매
순창댁 할매
암재댁 할매
승연이네 할매
모두 네 집이나 할매들만 혼자씩 삽니다

혼자 사는 할매들 집을 지나다가
혼자만 진지 드시는 모습을 보면
너무너무 쓸쓸해 보입니다

- 「혼자 사시는 이웃 할매」, 김용택

풀밭에 가 보면 풀들이 같이 살아요. 강아지 풀, 쇠뜨기 풀, 씀바귀, 별의별 풀 들이 같이 살아요. 풀밭에 앉아 풀숲을 헤쳐 보면 메뚜기, 여치, 거미, 귀뚜라미 들이 같이 살아요. 풀밭에 해가 뜨고, 바람이 불고, 나비와 벌이 날고, 소낙비가 내려요.

숲에 가 보면 참나무, 오동나무, 때죽나무, 진달래, 생강나무, 오리나무 들이 살아요. 숲 속에 가만히 앉아 있으면 바람 소리가 들려요. 숲이 크게 숨을 쉬는지 숲이 크게 움직여요. 다람쥐가 달리고, 꿩이 날고, 고라니가 달려요.

내 옆에는 엄마가 있지요. 아빠가 있어요. 형이 있고, 누나가 있지요. 학교에 가다 보면 이웃 아저씨가 있고, 운전사들이 차를 몰고, 가게에서는 아주머니들이 공책과 연필을 팔아요. 선생님, 친구들, 대통령이 있어요. 모두 같이 살아요. 싸우면서, 울면서, 미워하면서, 사랑하면서 같이 살아요. 이 세상 모든 것들이 나와 함께 살아요.

함께 살지 않으면 이 세상은 금방 무너져요. 허물어지고, 뒤집어지고, 부서져요. 우리는 함께 살 수밖에 없어요. 혼자 살면 너무 외로워요. 기댈 곳이 없거든요. 누군가 힘들어 주저 앉아 울고 있을 때 손을 내밀어 일으켜 주고 함께 가는 것이 공존입니다.

공평

팽이처럼 돌고 도는
지구
똑바로 서서 돌지 않고
기울기 23.5도

볕 안 드는
식탁 밑
싱크대 구석의
먼지 앉은 자리
볕 한 줄기라도 얹고 지나려고

담장 아래 쥐똥나무
쥐똥나무 밑의
땅강아지 집
볕 한 자락이라도 얹고 지나려고

똑바로 서서 돌지 않고
23.5도 마침맞게 기울어
봄 여름 가을 겨울
볕 안 드는 데 없이
고루고루

- 「23.5도」, 이상교

   바람은 공평합니다. 다 찾아갑니다. 비켜 가지 않습니다. 가로막지만 않으면 어디든 찾아갑니다.

   물은 공평합니다. 다 찾아갑니다. 자기보다 낮은 곳을 찾아가 채워 줍니다. 다 채워야 다른 곳으로 흘러갑니다. 가로막지만 않으면 어디든 찾아가 적셔 주고 채워 줍니다.

   햇살은 공평합니다. 아무리 작은 풀잎 끝에도 햇살은 찾아갑니다.

비도 그렇고, 달빛도 그렇습니다. 가로막지만 않으면 어디든 찾아갑니다. 어디 한쪽으로 치우침 없이 골고루 비춰 주고 적셔 주는 자연이 있기에 우리들은 살아갑니다. 가을 햇살이 부자에게만 비춘다면 세상이 어떻게 되겠습니까. 비가 가난한 사람에게만 내린다면 세상은 또 어떻게 되겠습니까.

공평은 어두운 밤길을 비춰 주는 달빛입니다. 동쪽에서 떠서 남쪽을 지나 서쪽으로 질 때까지 빛을 골고루 나누어 주는 태양 같은 것입니다.

자연은 한 치의 어김도 없이 공평합니다. 공평해야 평화롭고, 조화롭고, 아름답습니다.

민해야 이 김치 큰집 갖다 주어라
민해야 이 김치 뒷집 갖다 주어라
민해야 이 김치 당숙모네 갖다 주어라
민해야 이 김치 옆집 갖다 주고 오면서
할머니 진지 같이 드시게 오시래라
민해 이마에 땀 솟고
담근 김치 쬐끔 남았네

– 「우리 집 김치 담근 날」, 김용택

우리 어머니는 조금만 색다른 음식을 해도 이웃 사람들을 불렀습니다. "할머니 모셔 오너라, 큰아버지 오시라 해라." 돼지고기 국을 끓여도, 미꾸라지 국을 끓여도, 새로 김치만 담가도 어머니는 이웃에 사는 사람들에게 나누어 주었습니다. 우리 집 앞을 지나가는 사람들도 불러들였습니다. 사람들이 우리 집에 와서 "혼자 먹기도 적겠구먼." 하고 사양하면 어머니는 이렇게 말했지요. "아이고, 많이 먹어야 좋간다."

농사짓고 사는 사람들은 늘 같이 먹고, 같이 일하고, 같이 놀았습니다. 같이 일하다 같이 먹으면 무슨 음식이든 맛이 있지요. 나는 어릴 때부터 같이 먹고, 같이 일하고, 같이 노는 사람들과 함께 살았습니다. 하찮은 음식도 나누어 먹으면 기분이 좋아집니다. 기분이 좋아지는 것은 내 마음을 나누어 주었기 때문입니다. 내가 먹고 남은 것을 나누어 줄 때보다 내가 먹어도 모자란 것을 나누어 줄 때 더 기분이 좋습니다. 진짜 내 것을 주었기 때문이지요.

앞의 시에 나오는 민해는 내 딸입니다. 민해가 어렸을 때 우리는 시골에서 살았지요. 우리 집에서 김치를 담그면 민해에게 심부름을 시켰습니다. 민해는 이집 저집 부지런히 김치를 날랐습니다. 신나게 날랐지요. 큰 공부였습니다.

나눔은 내게 가장 귀한 것을 남에게 주는 것입니다.

사랑

아침밥 먹고
우리 아빠는 논에 갑니다

저녁에 집에 오면
흙 묻은 얼굴
흙 묻은 손과 발을 씻지요

나는 밥 먹을 때
우리 아빠를 생각합니다

- 「우리 아빠」, 김용택

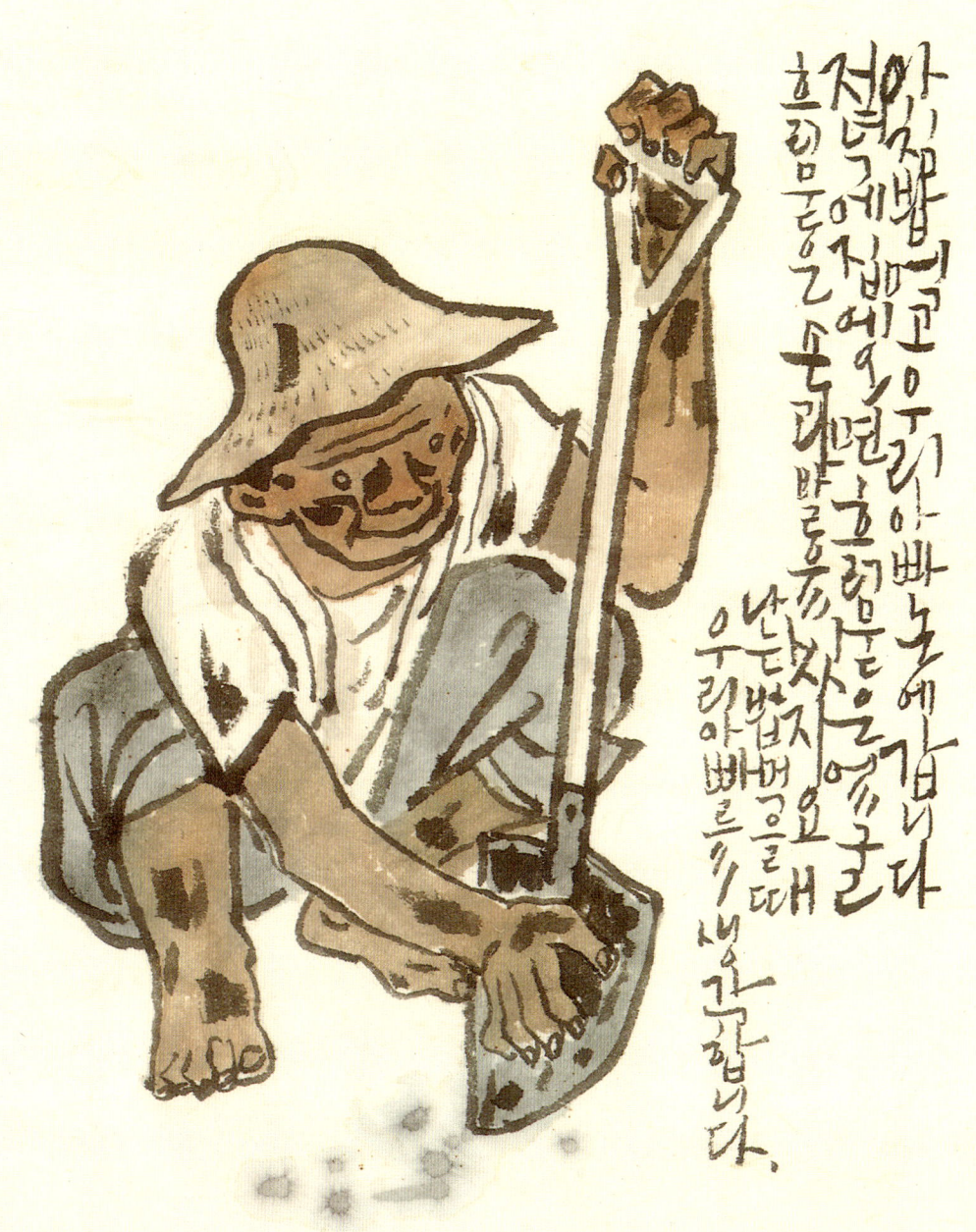

땅속에 있던 씨앗이 처음 싹을 내밀어 세상에 눈을 뜨고, 다른 무언가에 관심을 갖기 시작하는 순간이 사랑입니다. 그래서 사랑을 가리켜 눈을 뜨는 것이라고 말합니다.

내 마음이 누군가를 향할 때 우리는 사랑하는 사람이 생겼다고 합니다. 자꾸 생각나는 사람이 있는 것이지요. 사랑은 사람을 향해 따뜻하고, 싱그럽고, 희망찬 마음의 방향이 정해지는 것입니다.

사랑은 평화를 가져다주지요. 사랑하는 사람 곁에 있으면 편안해요. 사람의 마음을 안심시켜 주는 아름다운 약입니다. 사랑하면 세상 모든 것들이 다 소중하고 귀하다는 것을 알게 됩니다. 사랑하면 세상이 새롭게 보이고, 내가 새로워집니다.

사랑은 세상을 향해 저절로 마음을 여는 일입니다. 마음을 줄 사람이 있고, 그 마음을 받을 사람이 있을 때 그것을 사랑이라고 말합니다. 마음을 주고받는 일은 진심일 때만 가능합니다. 나도 모르게 마음이 갈 때, 가는 마음을 잡을 수 없을 때, 그 마음을 누구도 막을 수 없을 때, 사랑은 세상의 많은 문제를 해결해 주는 가장 크고, 높고, 깊은 말입니다. 그 어떤 말로도 이길 수 없는 말이 사랑입니다.

엄마 아빠가 하는 일이 처음 보이면 그게 사랑입니다. 엄마가 설거지를 하거나, 아빠가 아침 일찍 일을 하러 나가는 뒷모습이 처음 눈에 들어오면 사랑이 시작된 것입니다.

친구가 길을 가다가 넘어졌습니다. 무릎에서 피가 납니다. 친구가 웁니다. 친구의 아픔이 내 아픔이 될 때 진심 어린 말이 나옵니다. 그 말이 사랑입니다. 남의 아픔이 내 아픔이 될 때 나온 말이 사랑입니다.

생명

아빠 차 타고 학교 가는데
개구리 한 마리가 폴짝폴짝 뛰어
우리 차 앞으로 길을 건너고 있다.
아빠가 어, 어, 어, 하며 끼이익 차를 멈춘다.
우리 앞쪽에서 달려오던 차도 끼이익 멈춘다.
우리 뒤에도 우리 앞에도 차들이 쭈욱 쉬어 있어.
개구리가 폴짝폴짝 뛰어 길을 다 건너 풀숲으로 들어갔다.
차들이 다시 달린다.

— 「찻길에서」, 김용택

보리가 익어 가는 계절이었습니다. 우리 가족은 차를 타고 시골 어머니 댁으로 가고 있었습니다. 도시를 빠져나가 굽이굽이 산길을 지나 한적한 시골길로 접어들었습니다.

한참을 달리던 내가 "꿩이다. 꿩!" 하면서 차를 멈췄습니다. 아내도 "얘들아 꿩이다, 꿩! 꿩 좀 봐라", "어? 어? 근데 저게 뭐야?", "새끼들이다. 새끼들이야. 하나, 둘, 셋, 넷 …… 일곱 마리다. 일곱 마리." 엄마 꿩이 앞서서 도로를 가로 질러가고, 그 뒤를 일곱 마리 새끼들이 종종종 따라가고 있었습니다.

"우아! 저것 봐. 세상에 저것 좀 봐." 내가 다시 외쳤습니다. 먼저 길을 건너간 엄마 꿩이 새끼 꿩들이 길을 다 건널 때까지 서 있다가 일곱 마리 새끼들이 길을 다 건너 풀숲으로 들어가는 것을 보고 나서야 풀 속으로 들어가는 거예요. 숨죽여 그 풍경을 바라보던 우리도 한숨을 몰아쉬었습니다.

"휴, 다 건너갔다. 가자." 차 시동을 켜며 뒤를 보았는데 우리 차 뒤에 많은 차들이 줄을 서 있었습니다. 우리는 그때서야 수

많은 차들이 꿩 가족이 안전하게 길을 건널 때까지 기다리고 있었다는 것을 알았습니다.

어느 날은 개구리가 길을 건너는 것을 또 그렇게 기다려 주는 차들을 보았습니다.

길을 건너다 다치고 죽은 개구리, 고양이, 강아지, 달팽이, 고라니, 너구리, 거미, 귀뚜라미, 여치, 메뚜기, 쥐, 개미 들이 많습니다. 개구리 한 마리를 보고 브레이크를 밟는 마음이 생명을 지키고, 우리가 사는 지구를 지킵니다.

소통

어여 집에 가
아, 집에 가랑께
콩밭 따라오는 개에게도
우리 할머니는 말을 한다

아이고고 어쩌끄나
우리 할머니 넘어진 참깨 일으키며
참깨에게도 말을 한다

아이고, 얼마나 아프냐
우리 할머니 다리 부러진 고양이에게
말을 한다

사람한테 하는 것처럼
다친 내 다리를 보고
하는 말처럼
곡식이나 짐승에게도 말을 한다

- 「할머니는」, 김용택

어느 겨울날이었습니다. 집에 돌아왔는데 보일러가 고장 나서 방이 추웠습니다. 알아 보니, 방바닥에 깔려 있는 난방 배관에 공기가 차서 보일러가 작동하지 않았던 겁니다. 기술자가 보더니, 배관에 있는 물을 다 빼내고 다시 물을 채워야 한다고 했습니다. 긴 호스를 가져다가 보일러에 잇고 그 속에 들어 있는 뜨거운 물을 마당으로 빼냈습니다. 마당에 뜨거운 물이 떨어지자 뭉게뭉게 김이 났습니다.

그때였습니다. 어디선가 어머니가 달려오더니, 뜨거운 물이 떨어지는 마당에 허리를 굽혀, "눈 감아라! 눈 감아라! 눈 감아라!" 하는 거예요. 나는 깜짝 놀랐지만 어머니가 땅에 대고 엄숙하게 말을 하고 있어서 가만히 바라보고 있었습니다. 한참을 그러던 어머니가 허리를 펴길래 내가 물었지요. "어머니, 그게 무슨 말이에요. 왜 땅에 대고 눈을 감으라고 하셨어요?" 그랬더니 어머니가 "얘야, 땅속에는 수많은 벌레들이 사는데 갑자기 뜨거운 물이 들어가면 벌레들 눈이 멀지 않겠니. 그래서 내가 눈을 감으라고 했다." 그러는 거예요. 내가 깜짝 놀라며 "에이, 벌레들이 사람 말을 알아들어요?" 그랬더니 어머니는 "하면, 알아듣고말고." 하더라고요. 아무렇지도 않게 말이에요.

농사를 짓고 사는 우리 어머니는 벌레들하고도 말을 하고 살았답니다. 하물며 사람 사이에 안 통할 게 뭐가 있겠어요. 소통은 너와 내가 같은 생각을 하게 된다는 것입니다. 생각을 주고받는 것이지요. 그러려면 우선 말문을 열어야 합니다. 우리 어머니처럼요. 말문을 막지 않고 말을 들어주는 것이 소통의 시작입니다.

열린 마음

성민이가 떡을 먹고 있습니다.
태성이가 바짝 붙어 침을 꿀꺽 삼키며

나 쬐끔만 도라
아녀, 너도 저번에 감자 좀 도란게 안 줬잖여!

우리 집도 낼모레 할아버지 제사다아!
그래? 좋겠다!

성민이는 쳐다보지도 않고
떡을 날름날름 베어 먹습니다.

너 인자 우리 집 앞으로 지나가지 마
알았제,
지나가기만 했단 봐라!

- 「너 우리 집 앞으로 지나가지 마」, 김용택

너머지
울 집앞으로
지나가지마
얼었제 지나가면
핸드빌라

한 그루의 나무를 오래 바라보면 신비로움이 온몸과 마음에 전해져 옵니다. 뻗어 올라간 가지들이며 피어 있는 이파리들이며 나무를 찾아온 바람과 햇살이 신비롭기만 합니다. 어쩌면 저렇게 작은 실가지에서 꽃을 피우고, 잎을 피우고, 열매를 맺는지 생각할수록 신비롭습니다. 나무에 바람이 불고, 해가 뜨고, 비가 오고, 눈이 오지요. 나무에 달이 뜨고 별이 떠 있어요. 나무에 새들이 날아와 울고, 나비가 날아들고, 매미들이 붙어 울어요.

나무에 새가 날아와 울고 있으면 나무는 아까와는 전혀 다른 모습이 됩니다. 나무는 무엇이 오든지 자기에게 오는 것을 다 받아들이기 때문에 늘 새롭게 보인답니다. 그래서 나무를 바라보고 있으면 편안합니다. 사람들이 나무 밑에 앉고 싶고, 바닷가에 가고 싶고, 산을 오르고 싶은 것은 그것들이 늘 우리를 받아들여 주기 때문입니다.

자! 마음의 문을 열어 두세요. 마음의 문을 열면 많은 것들이

찾아옵니다. 문을 열어 둬야 손님이 찾아오고, 손님이 내 방을 찾아들어야 내 방이 새롭습니다.

성민아, 태성이 떡 좀 줘. 그러면 태성이도 마음의 문을 열어 줄 거야. 그래야 태성이 마음속에 들어가 태성이랑 너랑 놀 수 있거든.

용서

신발 물어 던진
강아지 녀석
혼내 주려다
그만뒀다.

살래살래 흔드는
고 꼬리 땜에…….

우유병 넘어뜨린
고양이 녀석
꿀밤을 먹이려다
그만뒀다.

쫑긋쫑긋 세우는
고 귀 땜에…….

- 「그만뒀다」, 문삼석

친구와 싸우면 친구를 미워하게 되고 '내가 다시는 너를 상대하나 봐라.' 하고 토라집니다. 그러고는 그 친구하고 놀지 않을 여러 가지 아이디어를 짜냅니다. '친구 얼굴 안 쳐다보기', '친구 집 앞으로 안 지나가기', '같이 밥 안 먹기', '학원에서 만나도 모른 척하기' 등등 온갖 방법으로 친구에 대한 원망과 미움을 키웁니다.

'이 녀석 외롭고 힘들겠지?' 이렇게 고소해하며 며칠을 보내지만, 친구는 잘만 삽니다. 다른 친구들하고 같이 놀고, 밥 먹고, 학원 가고, 공부하고. 내가 없어도 잘 지내는 친구를 보면 점점 초조해지고 불안해지고 외로워집니다. 나중에는 나 자신에게 화가 납니다. 그리고 서서히 마음이 기울기 시작합니다. 친구의 눈치를 보게 되지요. '저 녀석이 나를 보나? 나에게 가까이 안 오나? 나를 보고 웃었나?' 하며 이제 내가 아쉬운 사람이 됩니다.

그러다 용기를 내 보기로 합니다. 못 이기는 척 친구에게 다가가 어깨를 한번 부딪쳐 보든지, 우연인 척하며 친구 옆에 앉아서 책을 본다든지, 어떻게든 친구에게 접근을 해 보는 겁니다. 이렇게 접근을 해도 친구는 개의치 않고 자기 할 일을 합니다. 그러던 어느 날 친구가 뒤돌아보며 씩 웃습니다. 사실은 친구도 내가 그리웠던 거죠. 둘이 어깨를 다시 겁니다. 우아! 날아갈 것 같지요. 세상을 다 얻은 것 같습니다. 용서는 이렇게 아름다운 것입니다.

용서는 자유를 얻는 것입니다. 용서는 새로운 출발입니다. 용서는 싸운 친구의 얼굴을 바라보며 같이 웃는 것입니다.

인정

어떤 할아버지가 무더위에
골판지를 가득 실은 리어카를 끌고
야트막한 오르막을 오르고 있었다
겨우겨우 오르고 있었다 나는
밀어 줄까, 말까, 하다가
밀었다 망설인 그만큼 내 마음이
딱 한 숟갈, 한 눈금 모자랐던 걸까,
내 힘! 할아버지의 힘과 금세
통했다 밀자마자 뭉클,
리어카에 속도가 붙었다

- 「나도 때로는 힘세다」, 문인수

거추장스러운 바퀴가 달려있어 고달프지를 가득 싣고 언덕길을 가는 아트마트는 꼬마가 있었다
아빠한테 손을 내밀고서 넘어지지않게 힘껏 밀어주었다

인정이란 사람을 생각해 주는 따뜻한 마음입니다. 사람을 사람답게 만들어 주는 마음입니다. 그래서 인정이 있느냐 없느냐에 따라 그 사람을 좋은 사람, 좋지 않은 사람으로 생각합니다.

텔레비전을 보면 아프리카에서는 물이 부족하고, 식량이 부족해서 많은 어린이들이 죽어 간다고 합니다. 지진이 일어나거나, 전쟁이 나거나, 재앙이 닥치면 늘 어린이들이 많은 피해를 봅니다. 이런 소식을 듣거나, 이런 사진을 보고도 아무런 느낌이 없는 사람은 인정머리가 없는 사람입니다. 그런 사진을 보고도 밥 먹기 싫다고 투정을 하는 어린이는 인정머리가 없는 어린이입니다. '인정머리'란 마음 깊은 곳에서 가장 먼저 일어나는 사람다운 생각입니다. 남의 아픔이 나의 아픔이 되고, 남의 괴로움이 나의 괴로움이 되는 것입니다. 남의 슬픔을 내 슬픔으로 껴안는 사람이 인정 넘치는 사람입니다.

내가 사는 마을은 아주 작은 마을입니다. 그 마을에 내가 태어난 큰집이 있습니다. 큰집에 큰 형님이 삽니다. 형님이 창문을 열고 나를 부릅니다. "어이, 용택이 집에 와 봐." 큰집에 가면 늘 먹음직스러운 음식이 차려져 있습니다. 조금 색다른 음식만 있어도 담 너머로 나를 부르던 큰집 형님의 인정 넘치는 얼굴이 생각납니다.

인정이 꽃핀다고 합니다. 인정이 얼마나 아름다우면 꽃이라고 했겠습니까. 인정은 사람의 얼굴에 핀 곱고 고운 꽃입니다.

자연

제발 그러지 마세요.
제발 그러지 마세요.
제발 이러지 마세요.
제발 이러지 마세요.
우리는 어쩌라고
우리는 어쩌라고
제발 그러지 마세요.
제발 이러지 마세요.
그렇게 여기저기
농약을 뿌려 대면
우리는 어쩌라고
우리는 어쩌라고
정말 우리는 어쩌라고.

- 「그러지 마세요」, 김용택

제발그러지 마세요 제발그러지마세요
저렇게 어지저기농약을 뿌려대면
우리는 어쩌라고 정말우리는어쩌라고.

해가 하는 일을 방해하면 안 됩니다. 바람이 하는 일을 방해하면 안 됩니다. 이슬비가 하는 일을 방해하면 안 됩니다. 물고기들이 물을 차고 오르는 일을 방해하면 안 됩니다. 눈이 오고, 꽃이 피고, 하늘에 새가 날고, 노루들이 뛰어다니고, 참새가 아침잠에서 깨어나는 것을 방해하면 안 됩니다.

사람들이 잘 먹고 잘 입고 잘 자려고 자연에서 많은 것들을 가져옵니다. 사람들이 편하게 살려고 나무를 베고, 강물을 막고, 석유를 캐냅니다. 그러다 보니 지구가 뜨거워지고 기후가 변해 버렸습니다. 봄이 짧아지고, 여름이 길어지고, 폭설과 폭우와 가뭄이 사람들을 괴롭힙니다.

사람들이 강물이 더러워졌다고 합니다. 바다가 오염되었다고 합니다. 자연이 죽어간다고 야단들이지요. 그런데 자연은 사람이 하는 대로 변합니다. 죽어가는 강물은 사람의 얼굴입니다. 우리가 사는 모습 그대로지요.

저기 햇살이 떨어지는 어린 나뭇잎 하나가 내 몸이고, 내 마음입니다. 저기 바람에 흔들리는 풀잎 하나가 나이고, 우리입니다. 마을을 휘돌아 나가는 작은 실개천 한 줄기가 내 핏줄로 이어져 있습니다. 땅속에 흐르는 물줄기를 '생각해 주고 존중해 주는 것'이 나와 우리를 '생각해 주고 존중하는 것'입니다.

　시냇가에 살다 쫓겨난 새우가 다시 돌아오기를 나는 기다립니다. 꽃이 피고 새가 우는 봄은 누가 가져오는 것이 아니라 저절로 그렇게 되는 것입니다. 저절로 그렇게 되는 것이 자연입니다.

진심

그 애 앞에 설 때면 배배 온몸이 비틀리지요.
만지작만지작 괜히 단추를 만지고,
만지작만지작 괜히 귓밥을 만지고,
꼬무락꼬무락 괜히 옷자락을 말아 올리고…….
개미라도 한 마리 다리 위를 기는지,
벌이라도 한 마리 귓불에 앉았는지,
등허리에 손을 넣고 갉작갉작,
주머니에 손을 넣고 꼼지락꼼지락.

-「그 애 앞에 설 때면」, 권영상

이 세상에서 가장 아름다운 말 중 하나가 진심입니다. 이 세상에서 가장 중요한 말 중 하나가 진심입니다. 우리가 사는 세상을 지탱해 주는 말이 진심입니다.

진심은 마음에서 우러나옵니다. 진심은 꾸밀 수 없고 속일 수도 없습니다. 진심으로 말하는 사람은 눈빛이 다릅니다. 진심으로 하는 행동은 몸짓이 다릅니다. 진심으로 말하는 사람의 말소리는 다릅니다. 진심은 마음과 마음의 통로를 만들어 사람의 마음을 하나로 만듭니다. 마음을 주면 주는 대로 마음을 받는 게 진심입니다. 진심만이 진심을 받습니다.

콩을 심었는데, 콩이 안 나고 팥이 나올 수 없습니다. 사과나무에는 사과가 열리고, 배나무에는 배가 열립니다. 감나무에 라면이 열릴 수 없고, 벼에서 보리가 나올 리 없습니다. 진심은 그런 것입니다. 진심은 심은 대로 싹이 나는 씨앗이나 마찬가지입니다. 진심은 마음이어서 마음으로 밖에 줄 수 없고, 마음으로 밖에 받을 수 없습니다.

앞의 동시를 읽고 있으면 진심이 얼마나 귀하고 소중하고 아름다운지 알 것 같지요. 진심은 '이것이다' 하고 보여줄 수 없어서 속일 수도 없고 감출 수도 없습니다. 감출 수 없는 마음이 진심입니다. 진심이 통하는 사람이 단 한 사람이라도 있다면 행복한 사람입니다. 내 마음, 내 진심을 다 주어도 아깝지 않은 한 사람이 있다면 그 사람은 정말 괜찮은 사람입니다.

평화

서로 화가 나면
빵으로 만든 폭탄을 던져 봐

부들부들한 폭탄
물렁물렁한 폭탄

마구 던지다 보면
서로 좋아하게 돼
세상의 폭탄은 전부
말랑말랑한 빵으로 만들어야 돼

- 「빵폭탄」, 신현림

이 책에 나오는 말들은 모두 좋은 말들입니다. 사람이면 누구나 좋은 말을 하며 살고 싶을 것입니다. 그런데 이 책에 나오는 말들이 어떨 때 생겨났을까요? 미움에서 헤어 나오지 못할 때 사랑이라는 말이 생겼겠지요. 불행할 때 행복을 찾고, 슬플 때 기쁨이라는 말을 찾았겠지요. 평화라는 말도 전쟁 때 생겼을 것입니다.

놀랍게도 우리 인류에 전쟁이 없을 때는 없었습니다. 지금도 세계 곳곳에서 전쟁이 일어나고 있습니다. 전쟁으로 사람이 죽고 집이 파괴됩니다.

전쟁은 전쟁터에서 뿐만 아니라 우리 주변에서도 일어납니다. 우리나라에서는 입시도 전쟁이라고 하고, 취업 전쟁이라고 하고, 출근길도 전쟁이라고 합니다. 심지어 명절 때 고향을 찾아가는 일도 전쟁이라고 합니다. 그러고 보면 우리가 사는 세상은 한시도 평화로울 때가 없습니다. 늘 전쟁 중이니까요.

전쟁이라는 말은 경쟁에서 나온 말입니다. 싸워 이겨야 하니까요. 이기려면 남을 딛고 올라서야 합니다. 한 번 이기면 끝나는 게 아니고 계속 이겨야 합니다. 늙어서 죽을 때까지 이겨야 하는데, 그럴 수는 없습니다. 질 때가 있기 마련이지요. 그러면 또 이기려고 경쟁을 합니다. 그러니 태어나 죽을 때까지 평화가 없는 셈입니다. 사람들은 참 이상하지요. 전쟁을 싫어하면서 전쟁을 해요. 경쟁을 하면 힘든데 경쟁을 해요.

인류 최고의 가치는 평화입니다. 언제 한번 이렇게 해 보세요. 바람에 흔들리는 나뭇가지를 아무 생각 없이 바라보세요. 흘러가는 강물을 하염없이 바라보세요. 오래오래 바라보세요. 그러면 이런 생각이 들 거예요. '거참, 평화롭구나.' 평화는 싸우고 이겨서 얻는 것이 아니라 내가 남의 삶을 방해하지 않을 때 찾아옵니다.

화해

웃을까? 말까?
말할까? 말까?
하루에도 몇 번씩
망설이던 마음

너도
나와
똑같은 마음이었던 걸

오늘 아침 등굣길에서
우리가 서로
마주 보며 웃을 때 알았지

― 「친구와 다툰 뒤에」, 이해인

친구들과 놀다 보면 생각이 나와 같지 않을 때가 있습니다. 처음에는 같은 마음이었는데, 놀다 보면 생각이 달라지기도 하지요. 서로 다른 마음을 확인하면 같이 놀기가 불편해집니다. 그러다가 서로 부딪칩니다. 싸움이 일어납니다. 싸움이 일어나면 서로 상처를 입지요.

그런데 사람들은 언제까지나 싸우지 않습니다. 화가 나서 싸울 때는 조금도 지고 싶지 않는데, 싸우고 나서 생각해 보면 내가 잘못한 게 있다는 사실을 알게 됩니다. '에이, 내가 좀 참을걸.', '거참, 그 말은 내가 잘못했네.' 하며 후회하지요.

그러면 마음에 찔리는 게 있어서 마음이 아픕니다. 마음에 찔리는 게 있으면 또 마음이 불편합니다. 싸울 때보다 더 불편합니다. 사람은 마음이 불편한 채로 살 수 없습니다. 불편한 마음을 풀어야지요. 상대방도 틀림없이 마음이 불편해서 괴로울 것입니다.

괴로움 마음을 없애는 방법은 딱 하나입니다. 싸운 사람을 찾아가는 수밖에 없습니다. 먼저 손을 내미는 것이지요. 내 잘못을 고백하는 겁니다. 그러면 상대도 손을 내밀 것입니다. 진심을 담아 손을 내밀면 친구도 손을 내밀 것입니다. 손을 내밀어 상대방의 손을 잡는 것이 화해입니다.

희망

호박 구덩이에
뒷거름을 넣고
호박씨를 묻었다.

참 얼마나 기막힌 일인지,

호박씨는
그 냄새나는 구덩이에서
푸른 깃발을
찾아 들고 나왔다.

- 「호박씨」, 권영상

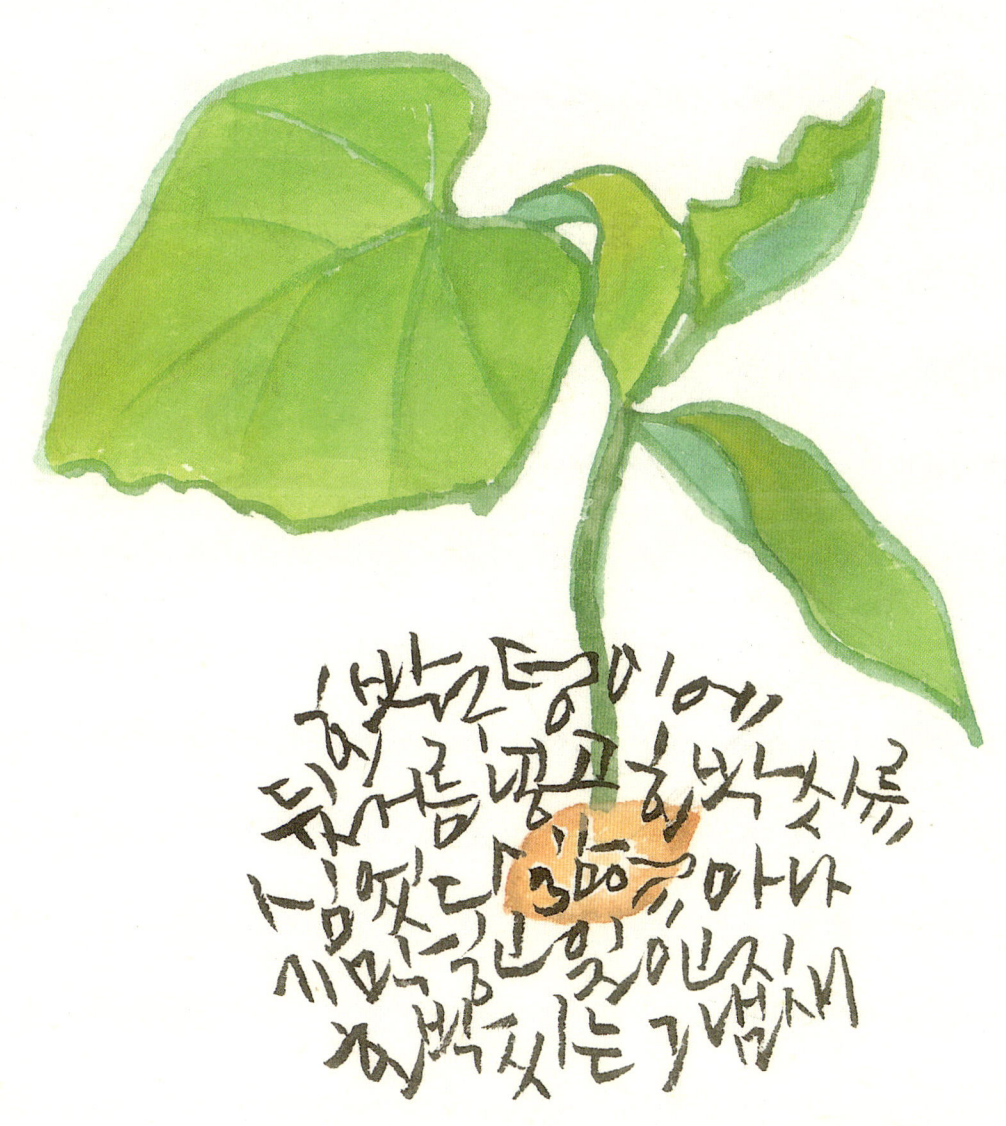

히말라야 산맥을 올라갔다 온 산악인들의 이야기를 들은 기억이 납니다. 산을 오르다 보면 누구도 상상할 수 없는 극한 상황에 처하게 된답니다. 살지 죽을지 모르는 절박한 상황이 되면 세상에 나 혼자라는 생각이 드는데 신기하게도 그 순간에, 내가 세상의 희망이라는 사실을 깨닫게 된답니다. 세상 그 어떤 것도 자기를 대신할 수 없다는 그 사실만큼 큰 희망은 없을 것입니다. 희망은 누가 가져다주는 것이 아니라 자기가 자신의 희망이 될 때 찾아옵니다.

어린이들에게 장래 희망을 물어보면 교사나 의사 아니면 공무원, 판사라고 대답하는 경우가 많습니다. 교사, 공무원, 판사, 의사가 정말 장래 희망이라면 그 직업을 갖는 순간 자기 희망이 이루어지겠지요. 그러나 그것은 희망을 이루기 위한 과정, 직업일 뿐입니다. 직업은 희망이 아닙니다. 무엇이 되어 사는 것이 희망이라면 그처럼 가난한 삶도 없을 것입니다.

무엇이 되느냐가 아니라 어떻게 사느냐가 중요합니다. 교사가 꿈이 아니라 훌륭한 선생님이 꿈이어야 합니다. 공무원이 꿈이 아니라 국민을 위해 봉사하는 훌륭한 공무원이 꿈이어야 합니다.

우리 인류에게 희망을 준 사람들을 보면 무엇이 되어 일생을 편하게 잘 먹고 잘 산 사람은 없습니다. 훌륭한 사람들은 다 자신보다 남을 위해 산 사람들입니다. 좌절하고, 방황하고, 고통과 맞서며 세상을 위해 산 사람들입니다. 우리는 그런 삶을 가치 있다고 말합니다.

희망의 씨앗은 절망 속에서 눈뜨고 싹터서 자랍니다. 내 희망의 싹이 자라 우리 모두의 희망이 됩니다.

*수록 시 출처

꼴등도 3등 김용택,『너 내가 그럴 줄 알았어』, 창비
기운 옷 신현득,『몽당연필도 주소가 있다』, 문학동네어린이
조그만 씨앗 속에 김구연
분수 이상교,『예쁘다고 말해 줘』, 문학동네어린이
할머니 마음 김용택,『내 똥 내 밥』, 실천문학사
숙제 안 해 온 날 김용택,『너 내가 그럴 줄 알았어』, 창비
엄마는 진짜 애쓴다 김용택,『콩, 너는 죽었다』, 실천문학사
벼 김용택,『내 똥 내 밥』, 실천문학사
어른들 김용택,『너 내가 그럴 줄 알았어』, 창비
끈질긴 자세히 김은영,『선생님을 이긴 날』, 문학동네어린이
나만의 비밀 안도현,『나무 잎사귀 뒤쪽 마을』, 실천문학사
내 마음 김용택,『내 똥 내 밥』, 실천문학사
국화 옆에서 서정주
눈 장옥관,『내 배꼽을 만져 보았다』, 문학동네어린이
우리나라 꽃 김용택,『콩, 너는 죽었다』, 실천문학사
우리 집 전자 제품 김은영,『선생님을 이긴 날』, 문학동네어린이
꺼지지 않는 컴퓨터 이미옥
순서 안도현,『나무 잎사귀 뒤쪽 마을』, 실천문학사
별명 김용택,『내 똥 내 밥』, 실천문학사
놓친 고기 김용택,『할머니의 힘』, 문학동네어린이

엄마가 아플 때 정두리
재채기 소리 김은영,『선생님을 이긴 날』, 문학동네어린이
주머니에 넣고 다녀야 할 말 신현득,『몽당연필도 주소가 있다』, 문학동네어린이
싸워야 큰다 김용택,『할머니의 힘』, 문학동네어린이
소풍 김용택,『내 똥 내 밥』, 실천문학사
넌 바보다 신형건,『거인들이 사는 나라』, 푸른책들
풍뎅이처럼 오인태,『돌멩이가 따뜻해졌다』, 문학동네어린이
이사 간 지희 김용택,『콩, 너는 죽었다』, 실천문학사
가벼워진 집 김은영,『아니, 방귀 뽕나무』, 사계절
달팽이와 놀아나다 서정춘,『귀』, 시와시학사
우리 아버지 김용택,『내 똥 내 밥』, 실천문학사
선생님이랑 김용택,『내 똥 내 밥』, 실천문학사
엉덩이가 아플까 봐 권영상,『엄마와 털실 뭉치』, 문학과지성사, 2012
그 애가 나예요 성명진,『축구부에 들고 싶다』, 창비
자연을 칭찬하기 권장순,『내 몸에도 강이 흐른다』, 글벗
포도 유희윤,『맛있는 말』, 창비
아버지의 허리 김은영,『선생님을 이긴 날』, 문학동네어린이

귤 한 개 박경용
우리 아빠 시골 갔다 오시면 김용택,『콩, 너는 죽었다』, 실천문학사
혼자 사시는 이웃 할매 김용택,『콩, 너는 죽었다』, 실천문학사
23.5도 이상교,『예쁘다고 말해 줘』, 문학동네어린이
우리 집 김치 담근 날 김용택,『콩, 너는 죽었다』, 실천문학사
우리 아빠 김용택,『콩, 너는 죽었다』, 실천문학사
찻길에서 김용택,『너 내가 그럴 줄 알았어』, 창비
할머니는 김용택,『내 똥 내 밥』, 실천문학사
너 우리 집 앞으로 지나가지 마 김용택,『너 내가 그럴 줄 알았어』, 창비
그만뒀다 문삼석
나도 때로는 힘세다 문인수,『염소 똥은 똥그랗다』, 문학동네어린이
그러지 마세요 김용택,『너 내가 그럴 줄 알았어』, 창비
그 애 앞에 설 때면 권영상,『월화수목금토일별요일』, 재미마주
빵폭탄 신현림,『초코파이 자전거』, 비룡소
친구와 다툰 뒤에 이해인,『엄마와 분꽃』, 분도출판사
호박씨 권영상,『엄마와 털실 뭉치』, 문학과지성사, 2012

*일러두기

· 이 책에 실린 시는 저작권자의 허락을 받아 게재했습니다.
· 수록한 시들의 맞춤법과 표기법은 원문을 따르는 것을 원칙으로 했으나, 한자어는 한글로 수정했습니다.
· 시를 제외한 본문은 국립국어원 어문 규정을 기준으로 삼았습니다.